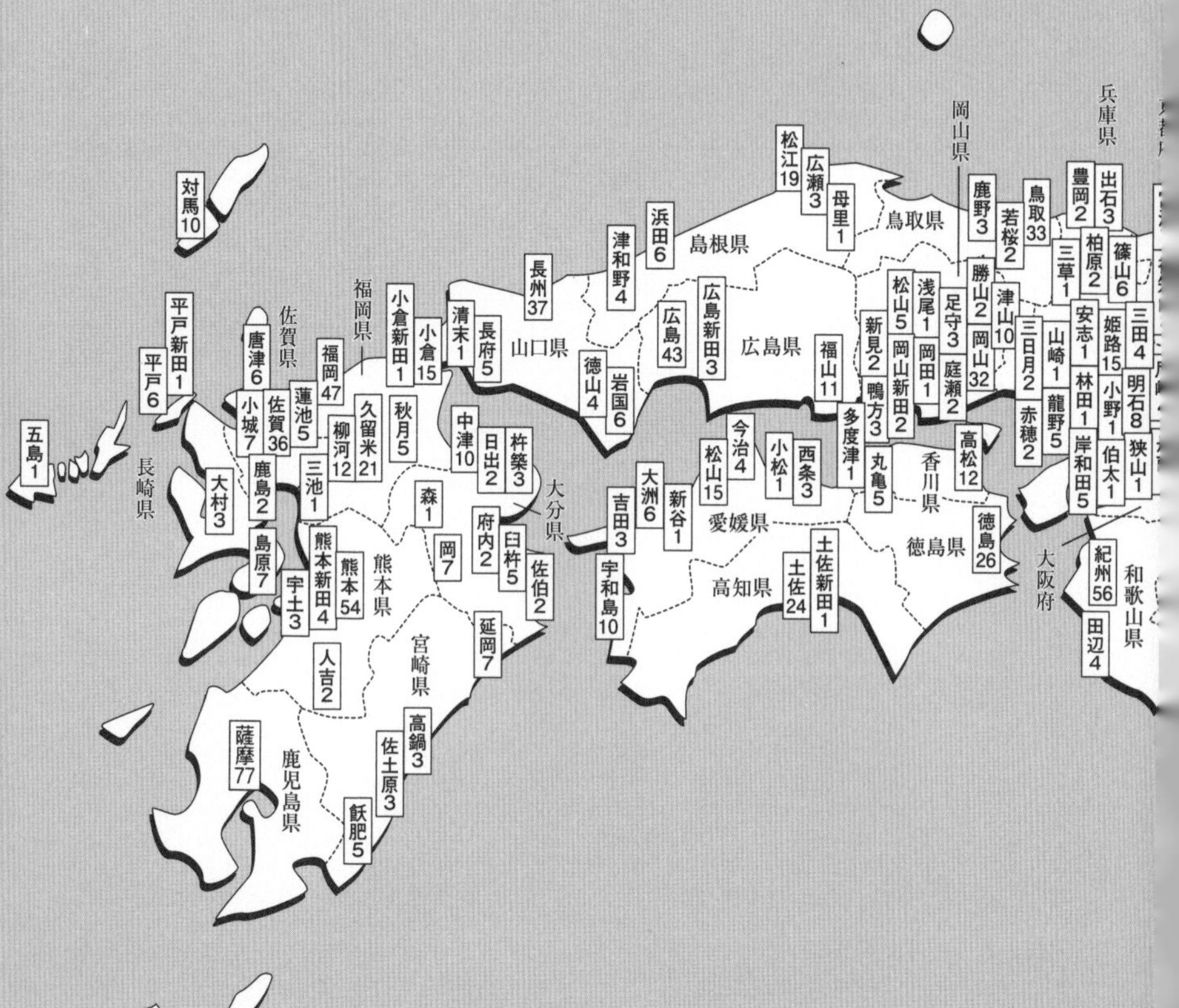
対馬10
平戸新田1
平戸6
五島1
長崎県
佐賀県
唐津6
小城7
佐賀36
蓮池5
鹿島2
大村3
島原7
福岡県
福岡47
柳河12
久留米21
三池1
小倉新田1
小倉15
秋月5
中津10
日出2
杵築3
森1
府内2
臼杵5
佐伯2
岡7
大分県
熊本新田4
熊本54
熊本県
宇土3
人吉2
宮崎県
延岡7
高鍋3
佐土原3
飫肥5
薩摩77
鹿児島県
清末1
長府5
長州37
山口県
徳山4
岩国6
津和野4
浜田6
島根県
広島43
広島新田3
広島県
松江19
広瀬3
母里1
鳥取県
福山11
今治4
松山15
小松1
西条3
大洲6
新谷1
吉田3
宇和島10
愛媛県
高知県
土佐24
土佐新田1
多度津1
丸亀5
香川県
高松12
徳島県
徳島26
岡山県
新見2
松山5
浅尾1
岡山新田2
鴨方3
岡田1
足守3
庭瀬2
勝山2
岡山32
鹿野3
若桜2
鳥取33
津山10
三日月2
赤穂2
山崎1
龍野5
兵庫県
豊岡2
出石3
柏原2
篠山6
三草1
安志1
姫路15
林田1
三田4
明石8
小野1
岸和田5
伯太1
狭山1
大阪府
紀州56
和歌山県
田辺4

シリーズ藩物語

松江藩

石井悠……著

現代書館

プロローグ

松江藩物語

松江は、日本海に面し、山陰の一画にある。温暖な地であるが、冬の寒さは厳しい。江戸時代の松江藩領は、古代の出雲国とほぼ同じ範囲にある。出雲では十月を神在月《かみありづき》という。陰暦の十月に八《や》百万《およろず》の神々が出雲大社に集まり、一年間の男女の縁結びをはじめ人生の諸般の出来事を相談するという信仰からきている。古代からの政権は出雲大社を重視してきた。また、今も出雲地方に鎮座する『延喜式神名帳《えんぎしきじんみょうちょう》』に記載された神社は、一九二社にのぼる。出雲は神国《しんこく》とも呼ばれる。出雲と古代は切れない関係にある。

松江藩を語るにも、古代の様子に少しでも触れるのが適当と考えた。幸いにして、『出雲国風土記《いずものくにふどき》』が残されている。

中世になると、かつて国府《こくふ》の置かれた地域はその様相を一変して、在庁官人の屋敷跡や役所跡と推定される遺跡が分散して発見されている。文献や地名などから「田所《たどころ》」「税所《さいしょ》」「案主所《あんじゅしょ》」の役所があったことも知られるが、守護の権限が大きくなるにつれて政治的機能が衰退し、十四世紀の南北朝混乱期以降一帯は水田化した。

藩という公国

江戸時代、日本には千に近い独立公国があった

江戸時代。徳川将軍家の下に、全国に三百諸侯《しょこう》★の大名家があった。ほかに寺領や社領、知行所《ちぎょうしょ》★をもつ旗本領《はたもとりょう》などを加えると数え切れないほどの独立公国があった。そのうち諸侯を何々家《け》家中《かちゅう》と称していた。家中は主君を中心に家臣が忠誠を誓い、強い連帯感で結びついていた。家臣の下には足軽《あしがる》層《そう》★がおり、全体の軍事力の維持と領民の統制をしていたのである。その家中を藩と後世の史家は呼んだ。

江戸時代に何々藩と公称することはまれで、明治以降の使用が多い。それは近代からみた江戸時代の大名の領域や支配機構を総称する歴史用語として使われた。その独立公国たる藩にはそれぞれ個性的な藩風《はんぷう》と自立した政治・経済・文化があった。幕藩体制とは歴史学者伊東多三郎《いとうたさぶろう》★氏の視点だが、まさに将軍家の諸侯の統制と各藩の地方分権が巧く組み合わされていた、連邦でもない奇妙な封建的国家体制であった。

今日に生き続ける藩意識

明治維新から百四十年以上経っているのに、今

江戸時代になって、堀尾吉晴《ほりおよしはる》・忠氏《ただうじ》父子が出雲の富田《とだ》城に入ったが、富田城が新時代に合わないところから、拠点を移すことになる。ところが、間もない時期に忠氏が死亡したので、吉晴が孫忠晴《ただはる》の後見役として、松江城・城下の建設に取り組み、ほぼ完成にこぎつけた。この功績から、松江では吉晴を開府の祖と評価している。

その後、忠晴は跡継ぎに恵まれなかったので、京極忠高《きょうごくただたか》が入封《にゅうほう》することになった。忠高は、城下の再開発や河川の改修工事に大きな力を発揮した。しかし、この忠高も子に恵まれなかったので、京極氏は一代限りで松江を出ることになった。

代わりに、家康の孫である松平直政《まつだいらなおまさ》が入封してきた。初代直政から十代定安《さだやす》にいたる二百三十三年間が松平氏の時代であった。松江では直政を藩祖として敬愛している。

六代宗衍《むねのぶ》の藩政末期は、「出羽様御滅亡」の噂が立ったほど財政困難期であった。七代治郷《はるさと》の時、朝日丹波郷保《あさひたんばさとやす》中心の「御立派《おたては》」グループが強硬な手段で借金を減らし、諸産業の奨励に努めるなど財政健全化を行った。治郷も自ら政治に取り組んだが、引退後に不昧《ふまい》と号して「茶と禅の道」中心の生活を送るようになったことが有名である。松江は茶所《ちゃどころ》といわれる所以《ゆえん》である。

でも日本人に藩意識があるのはなぜだろうか。明治四年（一八七一）七月、明治新政府は廃藩置県《はいはんちけん》★を断行した。県を置いて、支配機構を変革し、今までの藩意識を改めようとしたのである。ところが、今でも、「あの人は薩摩藩の出身だ」とか、「我らは会津藩の出身だ」と言う。それは侍出身だけでなく、藩領出身も指しており、藩意識が県民意識をうわまわっているところさえある。むしろ、今でも藩対抗の意識が地方の歴史文化を動かしている。そう考えると、江戸時代に育まれた藩民意識が現代人にどのような影響を与え続けているのかを考える必要があるだろう。それは地方に住む人々の運命共同体としての藩の理性が今でも生きている証拠ではないかと思う。

藩の理性は、藩風とか、藩是《はんぜ》とか、ひいては藩主の家風ともいうべき家訓などで表されていた。

〔稲川明雄（本シリーズ『長岡藩』筆者）〕

諸侯▼江戸時代の大名。

知行所▼江戸時代の旗本が知行として与えられた土地。

足軽層▼足軽・中間・小者など。

伊東多三郎▼近世藩政史研究家。東京大学史料編纂所所長を務めた。

廃藩置県▼藩体制を解体する明治政府の政治改革。廃藩により全国は三府三〇二県となった。同年末には統廃合により三府七二県となった。

シリーズ藩物語 松江藩

目次

第四章 幕末から明治にかけての苦渋

開明的な藩主が出現するも、維新後は新政府への対応に悩む。 149

これも松江

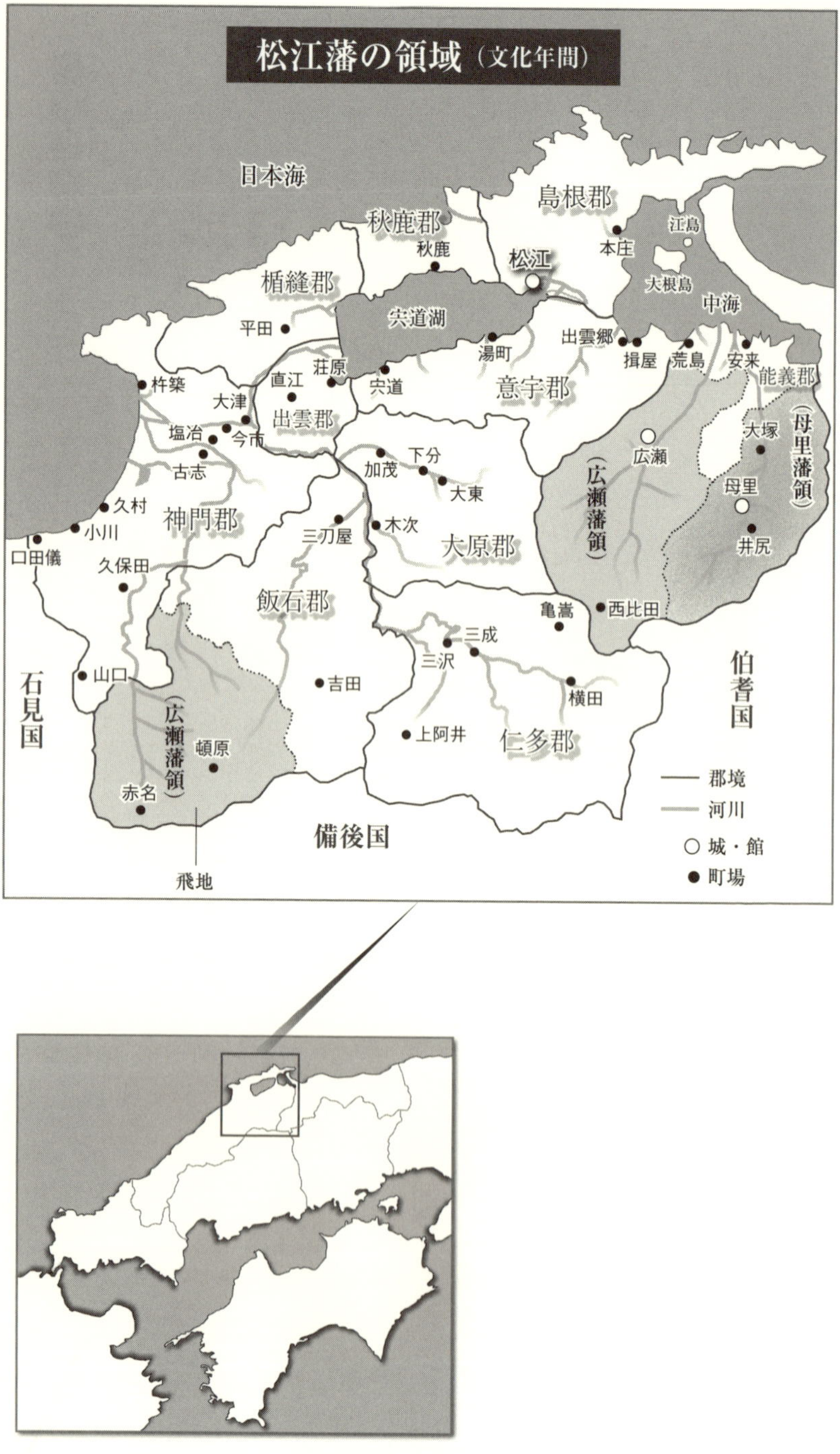
松江藩の領域（文化年間）
日本海
島根郡
秋鹿郡
楯縫郡
松江
江島
本庄
秋鹿
大根島
中海
宍道湖
平田
出雲郷
揖屋
荒島
安来
湯町
荘原
宍道
直江
意宇郡
能義郡
杵築
大津
出雲郡
塩冶
今市
古志
加茂
下分
大東
広瀬
（広瀬藩領）
大塚
（母里藩領）
母里
井尻
久村
神門郡
小川
口田儀
三刀屋
木次
大原郡
久保田
飯石郡
亀嵩
西比田
三成
三沢
山口
吉田
横田
伯耆国
石見国
（広瀬藩領）
頓原
上阿井
仁多郡
赤名
備後国
飛地
郡境
河川
城・館
町場

第一章　堀尾・京極氏までの出雲

古代出雲の地に堀尾氏三代が城下町を築き、京極忠高が手を入れる。

1

律令制時代から中世の出雲

千年以上前の国家のしくみが、間もなく地方に及んだことが『風土記』や遺跡から読み取れる。特に、国庁跡を中心とした出雲国府では計画的な土地利用、諸機関の配置がされていた。京極氏の守護代・尼子氏が戦国大名となり、中国地方を制圧、内紛後、毛利氏に滅ぼされる。

『風土記』記載の遺跡とその他の遺跡

和銅六年（七一三）に、時の政府から編纂を命じられた『風土記』が現代に伝えられているのは、五カ国★しかない。そのうち、『出雲国《いずものくに》風土記《ふどき》』（以下、『風土記』）のみが完全な形である。『風土記』の巻末に、「天平五年二月卅日　勘造」とあり、命ぜられてから二十年経った七三三年にでき上がったことが分かる。

風土記は、現代風に言えば地誌である。当時の郡郷《ぐんごう》名とその由来・寺院・神社・草木禽獣《きんじゅう》・河川・池陂《いけつつみ》・海岸・通道《かよいじ》・郡司名《ぐんじめい》などが記されている。

意宇郡《おうのこおり》の条に「山代郷《やましろのさと》。郡家《ぐうけ》★の西北三里一百二十歩なり。所造天下大神《あめのしたつくらししおほかみ》大穴持命《おほなもちのみこと》の御子、山代日古命《やましろひこのみこと》坐《ま》せり。故《かれ》、山代と云ふ。即ち正倉★あり」とある。山代郷正倉跡《しょうそうあと》（現・松江市山代町）のことである。発掘調査で、約一〇〇メー

▼**五カ国**
常陸・出雲・播磨・豊後・肥前の五カ国。

▼**郡家**
郡役所。

▼**正倉**
律令制で公的施設に設置された穀物・財物の保管倉庫。

トル四方の内に、四棟の正倉建物跡を含む、計二六棟の掘立柱《ほったてばしら》建物跡★が検出された。その建物跡群は、八世紀、九世紀、九世紀後半から十世紀の三期に分けられ、正倉建物は、八世紀に限定される。正倉の敷地は南北約二〇〇メートル、東西約一八〇メートルの範囲にあったと思われる。発掘される以前から、炭化米が出土しており、正倉の跡と推定されていたが、発掘によって『風土記』の記述は正しいことが証明された。

意宇郡の条に、教昊寺《きょうこうじ》と新造院三カ所の、計四寺院についての記述がある。教昊寺（現・安来市野方町）と山代郷北新造院★（現・松江市矢田町）・山代郷南新造院（現・松江市山代町）の所在地が分かっているが、山国郷《やまくにのさと》新造院（現・安来市）は所在地がはっきりしない。

「新造院《しんぞうのゐん》一所。山代郷の中にあり。郡家の西北四里二百歩なり。厳堂《ごんだう》を建立《た》つ。僧《ほふし》なし。日置君目烈《へきのきみめづら》が造りし所なり。出雲神戸《かんべ》の日置君猪麻呂《いまろ》が祖《おや》なり」とある。七世紀後半に建てられた山代郷北新造院のことである。発掘調査で、南面する斜面を段状に加工し、それぞれの段に基壇《きだん》建物を配していることが分かった。上段に三つ、下段に一つの基壇建物跡が検出された。上段の西に位置する建物跡は、西から西塔跡・金堂跡・東塔跡がある。西塔跡は正方形を呈する礎石《そせき》建物である。心礎《しんそ》★は確認できなかった。中央の建物跡は、五間×三間の四面庇《ひさし》付きの瓦葺き礎石建物で、間口九・三メートル、奥行き七・二メートルである。本尊を

▼掘立柱建物
地面に穴を掘って、直接柱を立てた建物のことで、礎石を使っていない。

▼山代郷北新造院
かつては、来美（くるみ）廃寺と呼ばれていた。

▼心礎
仏塔の中心に立てられる心柱（しんばしら）の礎石。中心に仏舎利をおさめた舎利孔（こう）が設けられている。

山代郷正倉復元図
（島根県古代文化センター蔵）

安置する金堂と考えられている。建物の中心部には、三尊を安置する石製須弥壇《しゅみだん》、脇侍仏《わきじぶつ》の台座があった。鴟尾《しび》・鬼瓦《おにがわら》が出土している。東塔跡は、瓦葺き礎石建物である。礎石はいずれも抜き取られ、近代の破壊も著しかったが、周辺から石製相《そう》輪《りん》破片・金銅製請花《うけばな》・風鐸《ふうたく》などが出土している。中央の寺院と異なる変則的な伽藍配置である。常住の僧侶がいない小振りの寺院といっても、立派なものである。

七世紀後半に建立が始まり、九世紀初頭には完成していたと考えられる。金堂の上部を十一～十二世紀頃の焼土が覆っていたことから、この頃に焼失したと思われる。国分寺や国分尼《に》寺が建てられる前に、私寺《しじ》があったことを示している。『風土記』によると、出雲全体では、一一の私寺があった。いずれも、郡司クラスの有力氏族《しぞく》によって建立されたものである。

出雲国庁

出雲の国庁《こくちょう》★跡は、意宇《おう(いう)》川の北に広がる平野部に存在する。出雲国は、上国に位置づけられている。中央から国司《こくし》（守《かみ》・介《すけ》・掾《じょう》・目《さかん》の四等官）と史生《ししょう》（国司の下に配置された下級書記官）三名が派遣され、国庁で政務を執った。

出雲の国庁は、平野の南端に置かれた。この場所は意宇川の北に隣接するが、平野の中でも川の氾濫による影響を受けにくい微高地《びこうち》である。平野の中ほどには東流する小河川がいく筋かあり、東端は砂州が広がる最も低い土地で、国庁を置

山代郷北新造院復元模型
（島根県立八雲立つ風土記の丘蔵）

▼国庁
各国に設置された役所を国庁と言い、国庁の置かれた周辺一帯を国府と呼んでいる。

くには地形上の制約があった。平野の南端に国庁を置くことによって、役所の面積を最小限に抑え、水田面積を確保することにも配慮したのであろうか。一方、歴史を遡って古墳時代の様子をみると、中期以降、国庁が置かれた辺りに、集落が形成され、豪族の居館があった可能性がある。また、集落内には、韓半島からの渡来人が住み、土器などの手工業生産に当たっていたと考えられている。

六世紀後半から七世紀にかけての盟主墳は、意宇平野かその周辺に存在している。この集落の置かれた地は、古墳時代から重要な地域であった。新しい形の首都づくりに際して、地形上の制約を受けるが、意宇平野以外に条件を満たす所はなかったのであろう。

国庁は、七世紀後半から末頃に設置され、奈良時代から平安時代までその機能を果たしたと思われる。これまでの発掘調査で、七世紀後半頃の掘立柱建物二棟が見つかっている。東西に長い建物で、やや西向きに軸が振れている★。のちの時代の建物で同じ方位のものはない。この二棟が検出された面より上の層で、政庁正殿と考えられる正方位《せいほうい》★の建物が検出されている。また、同時期と考えられる正方位の溝から「大原評《おおはらのこおり》」★と記された木簡《もっかん》★が出土していることから、七世紀末には正方位の官衙《かんが》建物が建てられたと考えられている。また、瓦葺き建物は、八世紀中頃の国分寺創建期に建てられたと推定されている。

建物跡や検出された遺構の性格をみると、政務や儀式を行う政庁・曹司《ぞうし》★・国司《こくしの》

整備された出雲国庁跡
（『八雲立つ風土記の丘常設展示図録』より）

▼
真北方向と比べると、建物の南北ラインの北端が少し西に、南端が東に寄っている。

▼**正方位**
南北の方向がほぼ真北方向をとる。

▼**評**
「評」は、大化の改新以降の行政区画で、のちに大宝令（七〇一）の施行から「郡」に改められた。

▼**木簡**
文字の書かれた木札。

▼**曹司**
行政事務を執行した施設。政庁の後方

館《たち》★・工房などがある。

正殿は、東西に長く、四方に庇《ひさし》の付く建物である。明らかにされたのは、後殿のみで、前殿・脇殿は確認されていない。礎石は検出されていないが、八世紀中頃に、礎石建ち瓦葺きの建物に建て替えられた可能性が考えられている。この位置から、唯一の鬼瓦が出土している。

なお、意宇郡の郡家は、国庁と同所にあった。

国司館の建物跡
（『八雲立つ風土記の丘常設展示図録』より）

出雲国分寺・出雲国分尼寺

天平十三年（七四一）、聖武天皇の発願《ほつがん》により、国ごとに国分寺★・国分尼寺★が設けられた。出雲では、意宇平野の北端に位置し、国庁からほぼ北西の方向にある。国分寺は、発掘調査で、二町四方の敷地内に金堂・講堂・僧房・塔などが建てられていることが分かった。

国分尼寺は、僧寺の東一〇〇メートルにある。出土した須恵器《すえき》★に、「堂東」「秦館」と墨書したものがあり、金堂を中心とした大規模な伽藍配置があったことが

（北側）、溝で区画された中に掘立柱建物がある。五つの時期の変遷がある。整備の進んだ奈良時代中頃には、溝で区画した中に、二棟の掘立柱建物を建てている。どちらも五間×二間の東西に長いもので、南北に並ぶ。硯・墨書土器・刻書土器・分銅などの文書行政に関係する遺物が出土した。

▼国司館
国司の官舎で、曹司の後方（北側）に存在する。計画的な配置の大型建物があり、「館」「介」「少目」の墨書土器が出土したことから国司館と考えられている。敷地は、東西約八一メートル、南北約七〇メートルの方形区画である。八世紀中葉～後半の建物は、五間×二間の掘立柱建物で、のちに礎石建物に建て替えられ、四面庇の建物になっている。国司館の前、南側区画溝内から、「進上兵士財□□」と記された木簡が出土している。これだけでは、詳しい内容は分からないが、京や宮廷での警護に当たった兵士に関するものであろうと思われる。行政の中身を窺うものとして興味深い。

▼国分寺
正式には、金光明四天王護国之寺（こんこうみょうしてんのうごこくのてら）という。僧寺である。

知られた。しかし、住居が建て込んでいるため、詳しいことは不明である。
『続日本紀《しょくにほんぎ》』の天平十一年六月二十三日の条に、「出雲守従五位下石川朝臣年足に絁《あしぎぬ》三十匹《ひき》、布六十端《たん》、正税三万束を賜ふ。善き政を賞むればなり」とある。出雲守石川年足《いしかわのとしたり》が、在任中に、その善政を誉められている。正倉院文書を見ると、年足はよく写経を行っていた。仏教に深く帰依する人物であったことが分かる。出雲守の任を離れてから、天平十九年十一月に、国分寺地検定のために諸国に派遣されている。彼は国分寺造営のエキスパートであった。国分寺建立の正式な詔《みことのり》は天平十三年に出されたが、天平九年三月の詔で、国ごとに釈迦仏像等の造置が命じられており、実質的な国分寺造営は始まっていたのである。年足が、出雲守として全国に先駆けて国分寺造営に着手した可能性が考えられている。

青木遺跡

出雲平野を流れる斐伊川《ひいかわ》が大きくカーブして東流する辺りの北側に、青木遺跡（現・出雲市東林木町）が存在する。調査区の一画（Ⅳ区）で、八世紀中頃に建設され九世紀末には廃絶した四棟の掘立柱建物跡が検出された。三棟は二間×二間の総柱《そうばしら》建物であった。二棟（SB02とSB04）は、南北に接近して並び、柱筋はほぼ正方位である。わずかに南北が長い建物で、南北方向に棟筋が通る。一棟（SB03）は、SB02及びSB04と五メートル前後の間を置いた東側で検出され

▼**国分尼寺**
正式には、法華滅罪之寺（ほっけめつざいのてら）という。

▼**須恵器**
古墳時代中期から平安時代にかけて生産された陶質の土器で、登り窯で焼かれた。青灰色の硬い焼き物である。朝鮮半島から伝わった。

出雲国分寺跡復元模型（島根県立八雲立つ風土記の丘蔵）

た。方形貼石《はりいし》区画内に、単独で建てられている。建物の方位は、正方位からわずかに西に振れている。他の二棟よりも面積は広い。残された柱材を見ると、中央の柱は、他の八本よりひと回り太く、突出して長く、深く埋められていた。残りの一棟（SB05）は、二間×三間の建物跡で、東西に長く、SB03と同じ方位の建物である。当初は、SB03とSB05のみが建てられていて、SB02とSB04は後で整地を行って建て加えられている。木製祭祀具、土馬《どば》、一〇〇〇点を超す墨書土器、七八点の木簡が出土している。調査区は異なるが、絵馬も出土している。

この調査区は神社の跡地と考えられる。調査者は「……墨書土器を使用する農耕儀礼あるいは結盟儀礼を内容とする供飲供食儀礼行為に主軸を……」としている。墨書土器には、「美《み》談《だん》社」「美社」「美」「社」などと書かれたものが含まれている。『風土記』の美談社、『延喜式』の美談神社を指すものと思われる。

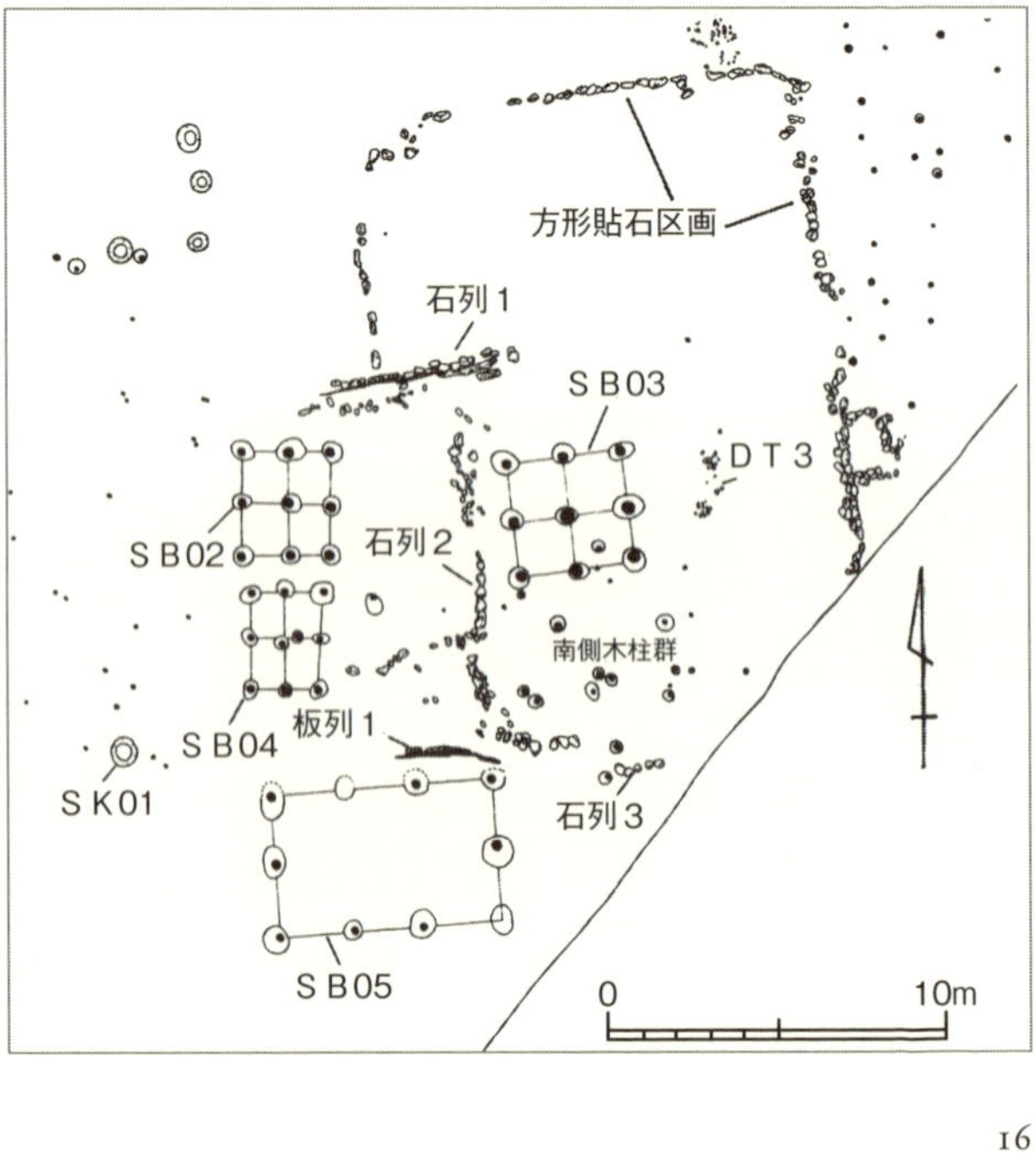

青木遺跡（Ⅳ区）平面図
（島根県教育委員会『青木Ⅱ遺跡』より転載。一部改変）

京極氏と尼子氏の関係

出雲・隠岐《おき》両国の守護《しゅご》は、建武三年（一三三六）～暦応四年（一三四一）が塩冶《えんや》高貞《たかさだ》で、その後明徳二年（一三九一）まで京極《きょうごく》氏と山名《やまな》氏が出雲の守護であった。この間、隠岐の守護は山名氏と佐々木氏であった。京極氏による出雲・隠岐両国の支配が安定するのは明徳の乱★以後のことで、室町～戦国初期にかけてであった。しかし、京極氏は幕府の要職にあり、近江守も兼ね、在京が原則であったので、実際の領国支配は守護代《しゅごだい》に任されていた。

十五世紀前半に、尼子持久《あまごもちひさ》が守護代として出雲に入った。持久は、月山《がっさん》富田《とだ》城（現・安来市広瀬町）を拠点として領国支配に乗り出した。富田城は、富田川★（飯《いい》梨《なし》川）下流部の右岸の丘陵上に築かれた、典型的な中世の山城である。複雑な曲《くる》輪《わ》群で構成され、平時は、塩谷《しおたに》・新宮谷《しんぐうだに》といった平地に居館を設けて生活していた。

守護による領国支配は必ずしも整備されたものではなく、強力で安定した支配の確立が、持久の課題であった。持久の嫡子清貞《きよさだ》と、その跡を継いだ経久《つねひさ》がこの課題を担うことになる。十六世紀初頭、経久の時代に尼子氏は戦国大名としての体制を整えた。その歴史過程と領国支配体制の構造的な特徴について、井上寛司氏は四点を挙げている。★一部表現を変え、あるいは省略して紹介しよう。

第一は、領国支配の範囲拡大をはかり、一部を除いて出雲全域を制圧した。またこの間、隣国伯耆《ほうき》や石見《いわみ》・備後《びんご》などへ軍事的進出を繰り返して、周辺諸国への

▼明徳の乱
山名満幸が、幕府に対して起こした反乱。

尼子経久肖像画（部分）
（安来市・洞光寺）

▼富田川
当時の富田川は、現在より少し西側、京羅木山寄りの位置を流れていた。

▼
『島根県の歴史』による。

軍事的膨張政策を展開しながら、出雲における領国支配を確立していった。

第二は、京極氏にはみられなかった独自の家臣団を編成した。

第三は、美保関《みほのせき》の領有権を確保し、あるいは代官職を得、さらには塩冶氏をおさえ中海《なかうみ》や宍道湖《しんじこ》、出雲地域における西日本海水運の制海権を獲得した。

最後に、以上のようにして実現された尼子氏の領国支配体制が、守護京極氏との対決ではなく、むしろその守護職権の強化・拡大という形をとって進められ、それゆえにまた京極氏からの守護権の継承も極めてスムーズで、……基本的には守護大内氏の戦国大名化と同じ類型に属するものであったと考えられる。

尼子氏の滅亡

天文六年（一五三七）に、祖父経久から家督を継いだ晴久《はるひさ》は、仁多《にた》郡横田《よこた》荘（現・仁多郡奥出雲町）の三沢《みざわ》氏を支配下に置き、尼子氏による出雲領国支配を完成させた。尼子氏の最も発展した時期といえる。★

しかし、晴久は、天文九年から翌年にかけて、尼子軍の総力を挙げて安芸《あき》国吉《よし》田《だ》（現・広島県安芸高田市）に遠征して攻めたが失敗に終わった。安芸遠征失敗後、経久は死去した。同十一年には、逆に大内氏が攻めてきて、富田川と流域の小平野越しに富田城下を上から望む位置の京羅木山《きょうらぎさん》に本陣を構え、富田城を攻めた。

尼子晴久肖像画（部分）
（山口県立山口博物館蔵）

▼制圧したのは陰陽一一国（出雲・隠岐・石見・伯耆・因幡・安芸・備後・備中・備前・美作・播磨）といわれるが、『陰徳太平記』などの軍記物の誇張とみられている。

これはかろうじて撃退したが、経久の死もあって、尼子氏の家臣団にひびが入り、大内氏の出雲侵攻の際、大内方についた国人《こくじん》★層が多数にのぼるという状況がみられた。大内氏の撤退後、彼らの多くは尼子方に復帰したが、そのまま大内氏に従って退去する者もあった。

尼子の吉田攻めを撃退した毛利氏は、これ以後勢力を拡大し、周防《すおう》・長門《ながと》両国を押さえ、石見に侵攻した。弘治三年（一五五七）には、石見銀山などの東部を除いて、石見国はほぼ毛利氏の支配下となった。

毛利元就《もとなり》は、永禄五年（一五六二）石見を制圧し、続いて出雲に入り、宍道湖北岸に荒隈《あらわい》城を築き、富田城攻めを開始した。同三年、晴久の死に伴い家督を相続していた義久《よしひさ》は、毛利氏と対決したが、国人層の多くが毛利方につくなどあって、ついに同九年、富田城を開いて毛利氏の軍門にくだった。

毛利氏は、天野隆重《あまのたかしげ》を富田城に入れて、出雲統治に当たったが、同十二年山中《やまなか》鹿介幸盛《しかのすけゆきもり》らに擁立された尼子勝久《かつひさ》軍が隠岐から侵入して、尼子復興戦を展開した。彼らは、尼子再興の機会を隠岐で窺っていたのであった。元亀二年（一五七一）、ようやく毛利氏はこれを撃退し、毛利元秋《もとあき》・元康《もとやす》・吉川元春《きっかわもとはる》が富田城に入って、出雲・石見・隠岐と、現在の島根県全域を統治することとなった。

▼国人
在地に経営基盤をもち、村落を支配した領主。

「月百姿／信仰の三日月幸盛」（山中鹿介）
（歌川芳年　明治十九年作）

富田城と城下（京羅木山から）

② 堀尾吉晴・忠氏父子の富田入城

堀尾吉晴・忠氏の父子は、徳川家康の厚い信任を得て出雲・隠岐の領主となった。富田城はそれなりの堅城であったが、新しい時代の領国経営に向かず、新城築城を決意。幕府の築城許可を得るも、新城の具体的な位置について、父子間で意見が食い違った。

それまでの堀尾親子

堀尾吉晴《ほりおよしはる》は、天文十二年（一五四三）に尾張国御供所《ごごしょ（ごくしょ）》村（現・愛知県丹羽郡大口町）で生まれた。父親は泰晴《やすはる》で、岩倉城（現・愛知県岩倉市）の岩倉織田《おだ》氏に仕えていた。当主織田信保《のぶやす》は織田信長《のぶなが》と敵対していて、永禄二年（一五五九）信長に岩倉城を落とされ滅亡した。主を失った吉晴は、父と共に牢人していた。

その後、吉晴は織田信長に仕え、家臣である豊臣秀吉《とよとみひでよし》に付けられた。信長死後は秀吉直属の家臣となる。まだ木下藤吉郎《きのしたとうきちろう》を名乗っていた時代からの配下にあり、家臣としては最も早い頃から仕えていた。秀吉の天下統一にいたるほとんどの戦に参加した歴戦の武将であった。中でも、本能寺の変で信長を滅ぼした明智光秀《あけちみつひで》と雌雄を決する山崎の戦いが注目される。秀吉の命で、秀吉方左翼の天王山《てんのうざん》の確

公園になっている堀尾吉晴居館跡（大口町）

保に向かい、同じく天王山に向かった堀秀政《ほりひでまさ》や中村一氏《なかむらかずうじ》と連携し、天王山奪取に来た明智勢を撃退して攻勢に転じさせ、秀吉の勝利のきっかけとなった。

秀吉は、天正十一年（一五八三）の賤《しず》ヶ岳《たけ》の戦いで柴田勝家《しばたかついえ》を破り、そのまま勢いにのって勝家が籠もる北《きた》の庄《しょう》城（現・福井県福井市）を攻撃し勝家を自害させた。その後、秀吉は、配下の諸将に領地を与えることになるが、吉晴には高浜《たかはま》城（現・福井県大飯郡高浜町）が与えられた。吉晴は一万石★の大名となったのである。天正十三年には若狭《わかさ》佐柿（佐垣）城二万石（現・福井県三方郡美浜町）に替えられ、それから六十日後の閏《うるう》八月に佐和山《さわやま》城四万石（現・滋賀県彦根市）に替えられた。領地替えが頻繁に行われていたことが分かる。堀尾家家臣が書き残した「堀尾家記録」には、「日数六十日ニテ所務《しょむ》無シ」とある。領地として与えられたが、「所務★」がなかったことが分かる。

佐和山城、彦根《ひこね》城を含むあたりは、東海道と北陸道の合流地点で、京・大坂への交通を押さえる上で重要な所であった。吉晴が大名になった天正十一年は、前年に小牧《こまき》・長久手《ながくて》で戦った徳川家康《とくがわいえやす》との関係修復がなされていない。このような時期に重要な地を任された吉晴は、秀吉の厚い信頼を得ていたことが分かる。

天正十八年、北条《ほうじょう》氏滅亡後、秀吉は、家康を関東へ移封し、織田信雄《のぶかつ》を改易★し、空いた領地を子飼いの大名に配分した。吉晴は遠江《とおとうみ》国浜松十二万石（現・静岡県浜松市）が与えられた。ここは、東海道を押さえる重要な地であった。

堀尾吉晴肖像画（部分）
（京都市・春光院蔵）

▼一万石
一万七千石ともいわれている。

▼所務
年貢等の税を徴収する権利。

▼改易
領地の没収。

慶長三年（一五九八）八月十八日、天下人秀吉は死去した。秀吉の死後、政権の主導権をめぐる対立が次第に表面化してきた。前田利家《まえだとしいえ》や石田三成《いしだみつなり》が、家康を批判する一方の旗頭であったことは周知のことである。

このような中、吉晴は秀吉配下の古株という立場にあり、中老として他の四大老・五奉行と家康の調整に当たった。特に利家と家康間の周旋に努め、両者の和解を成立させた。双方が慶長四年二月五日付けの起請文《きしょうもん》（約束を神に誓う文書）を書き、家康の重臣井伊直政《いいなおまさ》が吉晴の仲介の労への感謝状★を贈ったことから、吉晴の果たした役割の大きさを知ることができる。

家康の信任を得て、吉晴は同年十月一日付けで越前国府中《ふちゅう》城（現・福井県越前市）五万石の留守居役となる。これは、「家康より知行を与えられた最初の者」という。★浜松は息子忠氏《ただうじ》に治めさせ、自分は府中へ移った。

慶長五年六月に徳川家康は、意に従わない会津の上杉景勝《うえすぎかげかつ》を攻めるため出陣した。吉晴は浜松で家康を歓待し、同行して出陣する忠氏と共に自分も従軍する許可を求めたが、家康は越前への帰国を指示して出陣した。吉晴は、家康の指示に従って浜松から越前府中に向かったが、途中で水野忠重《みずのただしげ》殺害事件に巻き込まれた。三河国池鯉鮒《ちりゅう》（現・愛知県知立市）に着いた時、友人水野忠重がやって来て吉晴を招いた。忠重が用意したもてなしの場に向かう途中、加々井秀望《かがいひでもち》に出会ったので、秀望を誘い同行した。飲みかつ話している間に、吉晴は酩酊し眠った。すると秀

▼井伊兵部少輔殿吉春公江被遣候ノ文言
今度出入之儀ニ付、御書付之通、具ニ披露申処ニ連々御心入不始于今義別而満足被存候、向後何ニ而モ弥可被仰談儀尤ニ候、以来少モ粗略御座有間鋪候、如此申合候上、自然内府忘却被仕候者我等男ヲやめ可申候条具御心得候而諸相談所仰候
右之旨相違於有之者
神文
井伊兵部少輔
月　日
堀尾帯刀殿
（「堀尾家由緒文書」より）

▼中村孝也『徳川家康文書の研究』（一九五八年）による。

望は忠重を殺し、吉晴にも斬りかかった。吉晴は驚いて目をさまし秀望を斬りたおした。殺害現場にいたため、忠重の家臣に主殺しの犯人と勘違いされ、一七カ所もの傷を負いながら、変を聞いて駆けつけた家臣に助けられ、ほうほうの体で浜松まで帰還したと伝えられる。京都市春光院（堀尾氏の菩提寺）の吉晴像をみると、左の頬には深い傷跡が彫りこまれている（下図）。ひょっとすると、この時の傷跡であろうか。

ちょうどこの頃、忠氏は、上杉氏攻撃に参戦していた。石田三成方の岐阜城を攻めた時は、忠氏の率いる堀尾勢が活躍し、家康からその働きを誉める感状★が与えられている。関ヶ原の戦いにも参戦し、直接の戦闘に加わることはなかったが、南宮山で動かない毛利《もうり》・長曾我部《ちょうそかべ》を牽制する役目を果たした。

頬に傷のある吉晴木像（部分）
（京都市・春光院蔵）

▼岐阜川越之時忠氏公江被下文言
今度於濃州表合戦之刻、其方御家中江被討捕首
注文具ニ被見誠心地能義共候御手柄可申様無之候
明日令出馬候間、万事期其節候、恐々謹言
八月廿九日　家康
堀尾信濃守殿
（「堀尾家由緒文書」より）

富田入城の初代藩主は誰か

関ヶ原の戦いが終わって、家康は堀尾氏を出雲・隠岐二十四万石に封じた。その対象となった人物について、（一）吉晴、（二）忠氏、（三）吉晴・忠氏父子に対してであったという三説がある。いずれも、何らかの史料に基づいたものであるが、家康から直接出た文書がなく、話をややこしくしている。

家康は戦いに勝利したが、徳川政権は安定していないので、降伏した毛利輝元

・秀就《ひでなり》父子に対して周防・長門国を与える文書は起請文という形をとった。敵対した大名に対してさえこんなことであったので、味方した大名（のちの外様《とざま》大名）に対して主君が家臣へ領地を与える形の知行宛行《ちぎょうあてがい》状《じょう》を出すことなどできない状況であった。知行宛行状があれば、誰が最初の藩主であったか明らかになるが、一点も確認されていないという。堀尾氏に対して、口頭で伝えられたと思われる。知行割の半月後の慶長五年（一六〇〇）十月三十日、榊原康政《さかきばらやすまさ》の家臣久代景備《くしろかげはる》が下野国黒《しもつけのくにくろ》羽《ばね》藩（現・栃木県大田原市）藩主大関資増《おおぜきすけます》に書状を送っている。その中に、家康の論功行賞が書かれ「一　堀信濃殿★へハ出雲隠岐両国被進候事」とある。他の大名については誤りもあるが、忠氏（次頁下図）が出雲・隠岐を与えられたことが分かる。松江の初代藩主は忠氏であったことになる。

十一月に堀尾氏は入国、城は現在の安来市広瀬町に築かれていた富田城である。

富田城は、奥出雲から中海《なかうみ》に向かって北流する飯梨《いいなし》川（富田川）の右岸に注ぎ込む塩谷川と、新宮谷川に挟まれた山塊《さんかい》に築かれた城である。屹立し、谷は深く、天険の地で、典型的な山城である。初めて館を構えたのは、平宗清《たいらのむねきよ》、景清《かげきよ》など諸説あるが、長寛年間（一一六三～一一六五）から文治年間（一一八五～一一九〇）と考えられている。また、富田城を築いたのは、佐々木義清《よしきよ》といわれ、佐々木、山名、京極、尼子、毛利（吉川）、堀尾と城主は変遷してきた。

関ヶ原両軍陣之図（部分）
堀尾信濃守（忠氏）の名がみえる
（島根大学附属図書館蔵）

▼堀信濃殿
堀尾忠氏のこと。

堀尾父子は、富田入城後間もなく、城の整備にとりかかったと思われる。

富田城内の各所で発掘調査が行われているが、堀尾期のものといえる遺構は、山中御殿平《さんちゅうごてんなり》と呼ばれる郭を中心に見られる。富田城の裾にあたる部分で、山塊全体からみれば、中腹といったところである。毛利（吉川）の時代に築かれた石垣を改修して、居館をつくるなどの整備が行われている。その他にも本丸をはじめとして各郭も整備した様子が窺われるが、その実態は不明である。

しかし、堀尾父子は、この城が、銃砲による攻撃を防げない、山に囲まれ周囲から俯瞰《ふかん》される、城下を広くとれない、地理的に偏った所にある、水上交通の便が悪いなどの理由から、新時代に適していないと判断した。慶長八年に幕府から新城築城の許可を得て、堀尾父子は、城地の選定にのり出した。

十八世紀初頭頃に書かれたと思われる執筆者不明の『松江亀田山　千鳥城取立古説』（以下、『千鳥城取立古説』）という書物（写本）がある。これは、一次資料でなく伝聞の集積であり、すべてをそのまま信ずるわけにはいかないが、当時の様子が具体的に書かれていて興味深い。これによると、宍道湖の東岸に位置する乃木村元山《もとやま》（現・松江市雑賀町と乃木の境）の山上で、城地選定のための物見が行われた。北の島根半島を眺めながらの対談であったが、父子間の意見は食い違った。吉晴は荒隈山《あらわい》★を、忠氏は亀田山（末次《すえつぐ》城跡）を考えていた。忠氏は、荒隈山は広すぎて維持するのに二十四万石の身では苦しく五十万石以上でないと困難で

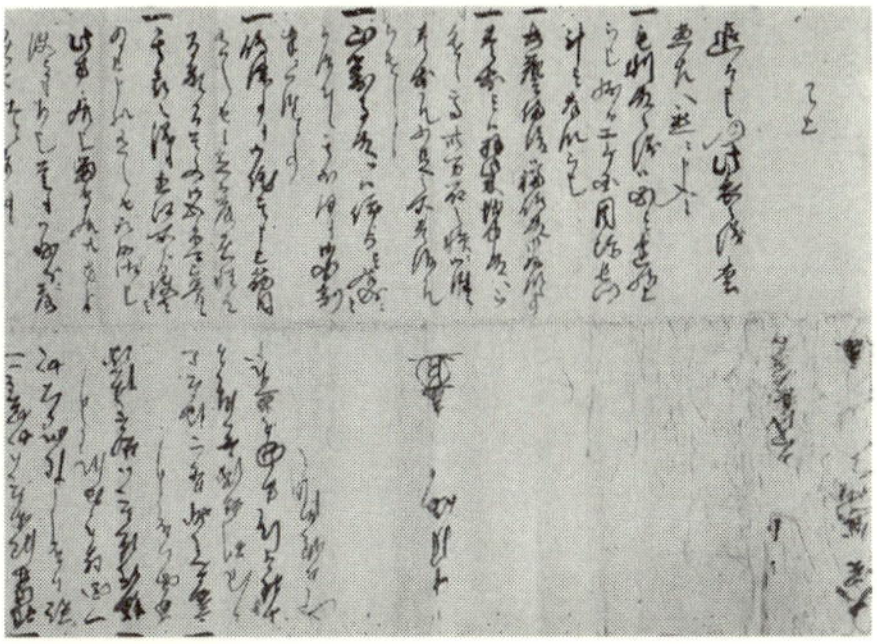
久代景備書状
（栃木県・黒羽芭蕉の館蔵）

堀尾忠氏木像（部分）
（京都市・春光院蔵）

▼荒隈山
毛利元就が尼子方の富田城・白鹿城攻めにあたり、宍道湖北岸に築いた城跡。

あると言い、荒隈山の東に位置する小振りな亀田山を提案した。この時は、意見の一致をみることなく富田へ帰城している。

さて、忠氏の治世は検地に始まる。全国的な基準に改めた。具体的には、田畠面積の単位は、町・反・畝・歩を用い、三〇歩を一畝、一〇畝を一反、一〇反を一町としている。毛利氏の時代には一反が三六〇歩であったのを三〇〇歩に改め、一歩は方六尺五寸（約一九六センチメートル）から方六尺三寸（約一九一センチメートル）に改めたのである。耕地の等級を出雲では上・中・中の中・中の下・下の五段階、隠岐では上々・上・中・下・下々・荒田の六段階とし、石盛《こくもり》★をつけ、田畠ごとに記載している。残された検地帳を見ると、慶長七年（一六〇二）から寛永六年（一六二九）まで各地で部分的に実施されていたことが分かる。前年の慶長六年には家臣への知行割や寺社への寄進が行われており、また、新城築城を考えていたので、これに要する莫大な経費の捻出が念頭にあったのであろう。

「出雲大社文書」には、堀尾検地について、「慶長七寅年検地あり、毛利殿の時迄は田壱反三百六拾歩を堀尾殿三百歩に成され候。時に大分打出御取上ケ」としており、厳しさの一端を窺わせている。改めて述べるまでもなく、検地は領主が所領を把握するために行った土地の基本調査であり、作成された検地帳は年貢や諸役賦課の基本台帳として重要であった。

▼石盛
反当たりの基準生産高。

富田城山中御殿平

③

堀尾吉晴・忠晴の時代

忠氏の突然の死によって、吉晴は幼い忠晴を後見しながら、実際の藩政に携わった。
築城は難工事もあったが、約五年の短期間で城と城下町のあらかたをつくり上げた。
忠晴は成長し、重臣の支えを得て、新田開発に力を入れ、収入の安定をはかった。

藩主・忠氏の死とお家騒動

慶長九年（一六〇四）には、相次いで堀尾家に不幸が訪れる。「堀尾古記★」同年の条に、

一、三月廿七日、生駒紀伊守相果ル
一、忠氏様、八月四日ニ御遠行
一、おかう様九月廿三日御果

とみえる。生駒紀伊守とは生駒孫兵衛のことで、その妻は吉晴の妹である。おかう様は、石川忠房の妻となった吉晴の六女で忠氏の妹に当たる。

『千鳥城取立古説』には、次のような話がある。

忠氏は城地選定のため、島根郡（松江市の島根半島側）や意宇郡（松江市の大橋川

▼「堀尾古記」
堀尾氏の松江入国前から堀尾家断絶後までを簡潔に著した記録。一族の堀尾但馬の手になり、正保元年（一六四四）に書き終わったと考えられている。

堀尾家家紋
抱き茗荷

より南側）を踏査していた。慶長九年七月下旬のある日の視察を終え、意宇郡の大庭大宮（神魂《かもす》神社）に参拝した。その時、神主を呼び出し、「当社には小成池《こなりいけ》があると聞いた。見物したい」と伝えたが、神主は「ここは禁足地なので、ご遠慮下さい」と断った。しかし、忠氏は国主として見なければならないと主張したので、神主はこれに従った。案内人と神主と三人で池の近くまで行き、それから先は忠氏一人で行った。しばらくして忠氏が池から帰ってくると、顔色が紫に見えた。富田城に帰った忠氏は、「行ってはならぬ所は行かぬものだ」と反省したが、程なく病床に臥して世を去った。

死因は分からないが、蝮《まむし》にかまれたのではないかと推察されている。忠氏の亡骸は富田城下新宮《しんぐう》の忠光《ちゅうこう》（興）寺に埋葬されたと伝えられている。★

思いもよらぬ忠氏の死去によって、三之介《さんのすけ》（のちの忠晴）が跡を継いだ。わずか六歳であった。吉晴が後見し、実際の治世に当たることになった。

『千鳥城取立古説』によると、重臣で忠氏の姉勝山《かつやま》を妻とする堀尾河内《かわち》は、松江城築城工事

伝堀尾忠氏墓所（忠光寺跡）

▼最近、墓所の整備を目的とした、忠光寺跡の発掘調査が行われた。明治の頃まで大きな墓石（五輪塔）があったと伝えられているが、今はない。北に伸びる丘陵の先端を削って一辺約一三メートルの平坦面を造成し、西・北・東側には最大高さ三メートル前後の石垣を巡らしている。埋葬したと思われる部分を掘り下げてはいないが、建物跡等の遺構が検出された。塀が巡らされ、御霊屋（みたまや）があったと推定されている。出土遺物はあまりなかったが、近世初頭のもので、大名墓として差し支えないようである。忠氏の墓所として、他に松江市の報恩（ほうおん）寺と京都市の春光院、和歌山県の高野山があるが、報恩寺の墓は次期藩主忠晴の髪爪塔（はっそうとう）ともいわれている。後述の「堀尾期図」に、後世松平家の菩提寺となる位置に「忠光寺」が見える。忠晴の時代に、富田から松江に移されたとも考えられる。

の間、藩主三之介を富田城で預かった。河内は、息子勘解由《かげゆ》に跡を継がせるよう勝山と相談し、吉晴夫妻に申し入れたが、拒否された。そのため、河内は三之介殺害を企んだ。三之介が病気だと言って、三之介に仕える侍にも会わせず、奥に押し込めてしまった。このことを心配していた三之介付きの局《つぼね》らは、河内の企みを聞きつけ、三之介を助け出したという。

騒動を引き起こした河内は、堀尾家から排斥《はいせき》されたが、吉晴の孫になる娘の菊《きく》姫《ひめ》は三代目河本《かわもと》長兵衛《ちょうべえ》の妻となっていて咎めがなかった。河本家は、尼子氏の家臣を祖とし、尼子氏滅亡後、琴浦《ことうら》（現・鳥取東伯郡県琴浦町）に移っている。一方、「堀尾古記」によると、勘解由は慶長十三年（一六〇八）に京都で没した。お家騒動から亡くなるまでの経緯等については伝えていないが、騒動の責めを受ける形で亡くなり、春光院に埋葬されたようだ。「春光院三時回向」に「桂岩院殿祥雲世端大居士」（勘解由の法名）が見える。富田城内の親子《しんし》観音★と呼ばれる勘解由の供養塔に刻まれた法名と同じである。

松江城築城と城下町の建設

息子忠氏の死によって悲嘆にくれた堀尾吉晴も、やがて築城に取りかかることになる。城地選定の課題に対する答えも出した。「城地については我が望みと違

▼親子観音
当地方の来待（きまち）石（凝灰質砂岩〈ぎょうかいしつさがん〉）製の大型石龕（せきがん・石廟〈せきびょう〉）の中に石塔（宝篋印塔〈ほうきょういんとう〉）を納めたもの。

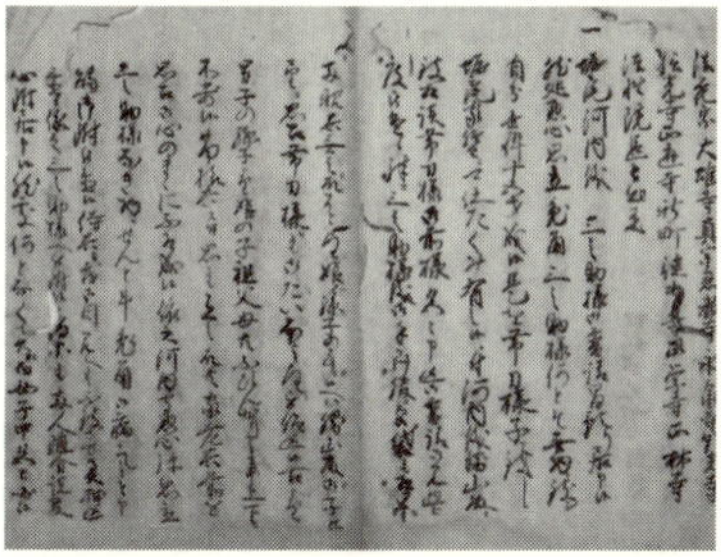
『松江亀田山　千鳥城取立古説』（松江市蔵）

「富田城古絵図」（部分）
忠興寺（忠光寺）が見える
（松江市・安部吉弘氏蔵）

い、死んだ忠氏の望みに任せて亀田山を取り立てる」と『千鳥城取立古説』に書かれている。これが城地を決める時の神話のようになって伝えられている。

松江城は亀田山に決まり、慶長十二年（一六〇七）から工事を開始した。

吉晴は、多くの合戦を経験した歴戦の勇士であり、関わった城が多く、「堀尾普請」といわれた土木巧者でもあった。強い城、弱い城、攻めやすい城など、城の特徴を熟知していた。今に残る松江城やその遺構、城下町の様子を丁寧に見ると、築城に当たって蓄えた知識を充分に生かしていたことに気づく。小瀬甫庵《おぜほあん》★という優れた補佐役を得たことも吉晴にとって幸いであった。その甫庵を城の縄張《なわばり》すなわち基本設計に関わらせたのである。

堀尾期の松江城と城下町を覗いてみよう。島根大学附属図書館に、元和六年（一六二〇）から寛永十年（一六三三）の間に描かれたと推定される「堀尾期松江城下町絵図」（以下、「堀尾期図」）がある。城下町松江が慶長十六年に完成したとすれば、開府間もない頃の情報を提供してくれる絵図になる。

一目で、城の周りを堀が巡り、武家屋敷（拝領者名がある部分）が取り囲んでいることが分かる。細長い区画で居住者名のない部分は、町家か計画段階の未完成部分であろう。まだ、戦国時代の名残を残している時代で、実戦向きの城や城下でなければならなかった。

堀を巡らすのは、防御上及び水運上の理由からである。絵図の上（北）は、堀

親子観音（富田城内）

▼小瀬甫庵
尾張国春日井出身で、美濃土岐氏の末流である。博学・多才な人物で、『太閤記』『信長記』を著した。儒医でもあり、吉晴が池鯉鮒で負傷した時、治療に当たっている。一五六四～一六四〇。

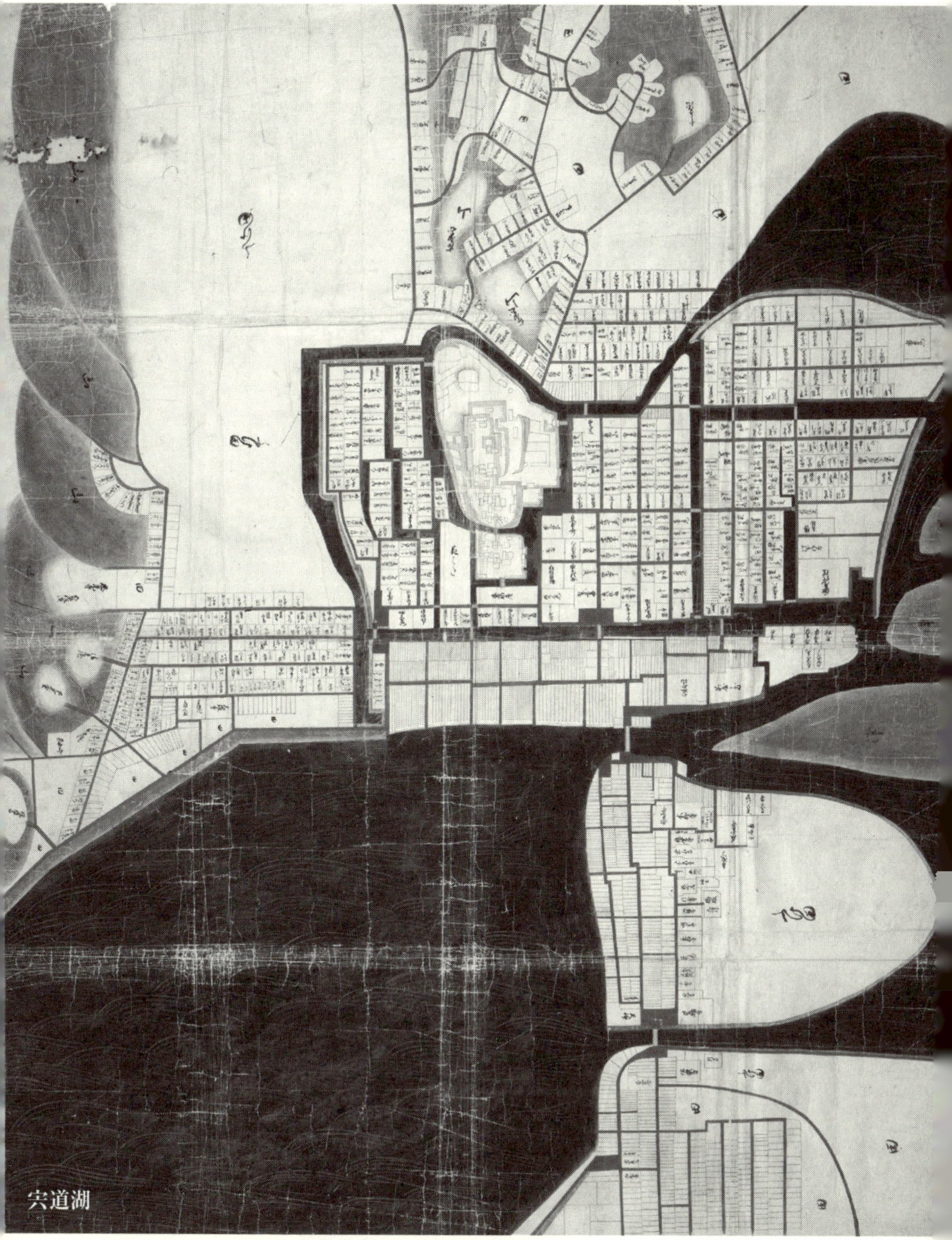

「堀尾期松江城下町絵図（堀尾期図）」（島根大学附属図書館蔵）

が一本であるが、城の西・南・東は何重か巡っている。重要な部分は堀を多くして、外敵の侵入を防ぎやすくしている。最終的には湖水（宍道湖）につながり、湖水が外堀の役を果たしている。西側には、行き場のない堀状のものが描かれている。これについては、京極期の図で述べる。北側は、外堀を掘ることが困難であり、その必要性が少なかったのであろう。年貢などの荷物を運ぶには、舟が便利である。堀端の要所要所には、いつの時代のものか不明であるが舟着場をかねた石段が残されている。舟が往来している様子を想像するのは容易である。昭和二十～三十年代前半には、まだ艪舟《ろぶね》が荷物を運んでいた。今は堀川遊覧船が回っている。

道や橋を見ると、必ずしも、道の延長線上に橋が架かっていない。特に城に近い部分では、少しずらしてある。城に向かって勢いよく直進したら、堀に落ちるようになっていたり、橋の北側袂《たもと》に広場が設けられていたりする所がある。これらは勢溜《せいだまり》といって、戦時にはここへ鉄砲隊を配置する。近くには鉄砲隊を指揮する武士の屋敷が置かれている。また、道を進んでいくと、どこにも行けない袋小路の部分がいたる所にある。直線道路が、途中で南北あるいは東西にずらされ鉤《かぎ》の手になっている所が随所にある。敵から前方が見えないようにしてある。

城が築かれた亀田山の周囲は、低湿地が広がっていた。低湿地は敵の侵入を防ぐのには有効であるが、居住地には向かない。城の近くには、上級から中級武士

舟着場をかねた石段

の屋敷地が並ぶ。城の北側には、丘陵が迫っている。元は、亀田山と地続きの丘陵であったと考えられている。この部分の丘陵をカットして、亀田山を独立丘陵として分離させ、堀を掘り、さらに屋敷地を造成している。この時に生じた残土（粘土）で城の東西に広がる低湿地の埋め立てを行ったと伝えられていた。発掘や工事の立会調査で、城下町の造成に当たって、低湿地にまず屋敷境をかねた素掘りの大溝を縦横に掘り、排水・乾地化を行っていることが分かってきた。★

　堀で囲まれた卵形の部分が本丸を含む中心部で、南の方形部分は三の丸である。城下から歩いて城内に入るには、五カ所の入口がある。大手側の二カ所は地続きで、他の三カ所は橋を通ることになる。絵図を見ると、他に三カ所の橋があるが、三の丸からその他の施設に向けて架けられたもので、城下につながっていない。いずれの入口にも、門があり門番が警備をしていた。橋は、いざとなれば落とせる。地続きの部分では、大きな門を設置し防御に努めたり、馬溜《うまだまり》を置いて出陣しやすくしている。

　松江城は、新しいタイプの平山城である。堀が城を取り巻くのは、そうした配慮からで必要最小限の橋が架かっていた。城内に入っても、すぐには天守閣へ行けない。石垣を組み、要所に門を設置し、外敵の侵入を少しでも妨げられるようになっていた。また、あちこちを迂回させる通路がつくられていた。

　堀に面した部分や天守閣直下の重要な部分には、高石垣が組まれていた。長い

▼乾地化しても、依然低いままの地であるから客土（きゃくど）が必要になる。言い伝えの通り、堀を掘った時や、城郭を造成した時の残土を運んで盛ったことが分かった。単に土を盛るのではなく、下に羊歯類の葉「ウラジロ」を敷きつめていた。基盤となる地山部分は、微砂で水分を多く含み崩れやすい土壌であるため、上に重い土を載せると沈下する恐れがある。不等沈下を減らすための現代の工法に通じる。なお、ずっと後になっても、何回か客土が行われ嵩上げされている。

家老屋敷跡発掘調査（東から）
素掘りの大溝が屋敷境をかねている
（松江市教育委員会提供）

石垣は、よじ登る者を防ぐため、横矢を射かけやすいように途中を突出させるなどの工夫がみえる。石垣の上に土塀が巡らされ、弓狭間《はざま》と鉄砲狭間が設けられ、櫓《やぐら》や天守閣には、武者窓や石落としの穴、袋狭間などが設けられていた。

最高所の本丸に置かれた天守閣は、高さ二二・四三メートルの五層六階の建物で、一階の平面積は、現存する中では姫路城につぐ大きさをもつ。城下を一望のもとに見渡せる。前面に付櫓《つけやぐら》をもつ複合式天守閣で、大坂城と同じ型式である。一階部分は、石垣で囲まれ、入口の扉は鉄板で保護されている。内部に深さ二四メートルの井戸が掘られ、籠城《ろうじょう》も考慮に入れた城であった。

城の東側を巡る内堀を隔てた向かい側に「松江歴史館」を建設するため、発掘調査が行われた。ここは、歴代家老の屋敷が置かれた所であった。「堀尾期図」では堀尾采女《うねめ》（北側）と堀尾右近《うこん》（南側）の屋敷地に当たる部分で、発掘が行われた。両家の間には、屋敷境をかねた素掘りの大溝が掘られていた。池の北側には、廻り縁をもつ礎石建物跡が検出された。この建物跡は、池を観賞するための会所ではなかっただろうか。鑓《やり》水と直交する礎石列があり、その先に小型の礎石建物跡がある。鑓水をまたいだ渡り廊下でつながれた茶室のようなものが存在したと思われる。

家老堀尾采女屋敷地跡で鑓水でつながれた大小の池が見つかった。写真は東側の大きい池で、瓢箪形をしている
（松江市教育委員会提供）

「松江城天守閣」
最近の研究で、上層階は後世の修理で現在の形に変化したという指摘がある

鉄穴流しの停止

鉄鉱石や砂鉄から鉄をつくる古来の製鉄法を、「たたら」という。砂鉄を得るのに、川や海岸に堆積した砂鉄を採取する方法と、山を切り崩して採取する方法がある。後者の場合、切り崩した土砂を水で流すと、砂鉄は比重が大きいので下に溜まる。それを採るのである。この方法を鉄穴流《かんなが》しという。中国山地を中心とした花崗岩《かこうがん》地帯は、良質の砂鉄を多く含んでいるため、たたら製鉄が盛んであった。堀尾氏は、鉄穴流しを続けて行うと、大量の砂が宍道湖に入り込み徐々に埋まって、松江城の防備に問題が生じると考え、鉄穴流しを禁止した。斐伊《ひい》川は古代には西流し、日本海へ直接流れていたが、中世に東流し宍道湖へ流れるようになった。鉄穴流しの影響と思われる。

かつて、斐伊川の上流にあたる奥出雲の鉄穴場では、一トンの砂鉄を得るのに二〇〇トンの土砂を流したという。土砂の比重は砂鉄より小さいので、容積で比較すると二〇〇倍どころではない。実際に、鉄穴流しが行われた地域の地形は大きく変わり、山がなくなり平地になったという所が多い。たたら製鉄を営んでいた鉄山師《てつざんし》は何度も鉄穴流しの許可を願い出たが、許されなかったと『鉄山旧記』（絲原家文書）に鉄穴流し禁止の理由とその後のことが簡潔に記されている。★

▼大意

一、慶長十五年（一六〇九）、松江へ移る。鉄穴流しを禁止する。

鉄穴流しを続け土砂を流し続ければ、宍道湖に砂が流れ込みだんだんと埋まり、のちに要害である松江城に差し障りが出てくることは明白である。これによって、先代の藩主は悪将で、湖水を埋め要害を無効にしたと笑われては、堀尾家に傷がつくと考え、鉄穴流しを禁止したという。

一、古来より行ってきた鉄生産を禁止されて、仁多郡、飯石郡の山では働くことができず、収入も入らず難渋していたため、鉄穴流しの再開を何度も願い出たが受け入れられなかった。仕方なく山深く入り、畑を開いて苦しい生活を送っていた。

（『鉄山旧記』より）

松江の地名

松江の主な地名起源には三説ある。第一は、『懐橘談《かいきつだん》』★、『雲陽誌《うんようし》』★などによると、この地は中国浙江省の「松江府」と同じように湖水に面して風光明媚で、鱸《すずき》や蓴菜《じゅんさい》を産することも似ているところから吉晴が命名したという。第二は、小瀬甫庵が命名したとする説で、新井白石《あらいはくせき》の『紳書』に「松江の城をば縄張して鱸の名所也とて松江と名付くは甫庵なり」とあることによる。第三は、松平直政が遠江《とおとうみ》から招いた春龍玄斎《しゅんりゅうげんさい》が命名したとする説である。十八世紀半ば以降に書かれたとされる統計書『雲陽大数録《うんようだいすうろく》』に「松江と名付る事、圓成寺《えんじょうじ》開山春龍和尚の作なり、唐の松江鱸魚と蓴菜とがあるがゆえ名産とす、其の地淞江《ずんこう》に似たれば松江と称すと伝ふ」とある。

しかし、最近は地名起源の考え方が変わってきている。天文三年（一五三四）、越前福井の大森正秀が出雲大社参拝の旅に出た。その時の紀行文『出雲紀行』に「はりまの国姫路の府を過し……(中略)……さつきの二日、出雲の松江の府に至る。此ほとりを錦浦といへるよしの人いひければ、あかねさす日影うつりて江にあらふにしきの浦や波の曙」とある。正秀は、播磨《はりま》国府が置かれた姫路を「姫路の府」としていることから、「松江の府」も同様に出雲国府辺りを指すという。

▼『懐橘談』
十七世紀中頃、黒澤弘忠が著した出雲の地誌。

▼『雲陽誌』
十八世紀初頭、黒澤長尚が著した出雲の地誌。

もともと、意宇川流域に「松江」の地名があったとすると、末次（松江城）から南東方向約八キロメートルの意宇川河口付近から国府の辺り（現・松江市大草町）が「松江」ということになる。松江城下ができる頃より約七十年前のことである。すでに、「松江」の地名はあり、それが白潟《しらかた》や末次など北西の地域を含めた地名に変化したというのが、現在の大方の考えになっている。

母親の愛情と祖父吉晴の死

堀尾三之介（のちの忠晴）は、母親長松院《ちょうしょういん》に守られて育った。母親の愛育振りが、松江市大垣町の「内《うち》神社縁起書」にみえる。慶長十二年（一六〇七）四月中旬、三之介は体調を崩してしまった。長松院の命で、三之介は長松院と玉造《たまつくり》の温泉★に出かけた。ところが、四月二十日夜から二十二日向坂作左衛門《さきさかさくざえもん》と黒田藤右衛門《くろだとうえもん》から、大宮司秀勝《ひでかつ》に祈禱と病気の原因を占うよう、飛脚便が送られた。早速、秀勝は早船で玉造へ行き、祈禱し占考状《せんこうじょう》★を差し上げたところ、指図の通り回復したという。

長松院は、豊臣政権の五奉行の一人、京都所司代の前田玄以《まえだげんい》の娘であり、高い教養があった。三之介は、母親の薫陶《くんとう》よろしく育ったと思われる。

慶長十五年六月十三日、三之介は、二代将軍秀忠《ひでただ》の養女で家康の外曾孫に当

▼玉造の温泉
「玉造の温泉」（玉造温泉）は松江市玉湯町、宍道湖南岸域にあり、古くは『出雲国風土記』にもみえる。

▼占考状
祈禱結果による診断書。

たる下野《しもつけ》宇都宮《うつのみや》城主奥平《おくだいら》家昌《いえまさ》の娘ビン姫を娶った。三之助十二歳の時であった。なお、この年に松江城天守閣が竣工している。翌十六年三月、江戸にて三之介は元服した。叙爵《じょしゃく》して山城守忠晴《ただはる》と称した。親子二代続いて、「秀忠」の忠の字を賜っている。

同年六月十七日、吉晴は鬼籍に入った。六十九歳であった。亡骸は、遺言により富田城山麓の巖倉《いわくら》寺に葬られたと伝えられる。波瀾万丈の人生を送った吉晴の死は、松江城築城や城下建設の先行きもみえ、堀尾氏の政治も安定し、忠晴の成長を見届けた後の大往生であったと思われる。

吉晴の死後間もない六月二十八日、堀尾宮内少輔《くないしょうゆう》をはじめとする八名の重臣によって起請文が書かれている。これは、十三歳の藩主忠晴を守《も》り立てることを神仏に誓ったものである。五カ条の内容があり、最後の条に、「忠晴様の出された決まりには背くことのないように。但し、悪い決まりであったならば意見を言うこと」とある。重臣たちの並々ならぬ決意が窺える。

吉晴の死を知った幕府の本多正信《ほんだまさのぶ》と大久保忠隣《おおくぼただちか》から堀尾家重臣たち宛の書状に、「堀尾吉晴殿がお亡くなりになったのは、残念なことです。将軍秀忠様も御気持ちを書状に認《したた》めました。忠晴殿は、まだ若年であり、家臣は日頃、どのようなことがあっても大目に見て、忠晴殿を守り立てる覚悟が大切です。このことは我々からも重ねて申し伝えます」とある。惜しまれた死だったのである。

堀尾吉晴墓所（安来市広瀬町・巖倉寺）

翌十七年六月四日付けで、秀忠から出雲・隠岐両国の支配を正式に認められ、いよいよ忠晴の時代となった。

忠晴の治世とその生涯

強力な後ろ盾をなくした忠晴は、重臣に守られて国務を推進することになった。藩内の政務に努める一方、幕府の公務も果たした。

慶長十九年（一六一四）の冬、忠晴（下図）はわずか十六歳であったが、家臣を率いて大坂冬の陣に参戦し上杉景勝《うえすぎかげかつ》と協力し強敵をくじいた。翌年の大坂夏の陣にも参戦した。また、元和五年（一六一九）には、改易された広島藩主福島正則《ふくしままさのり》の居城受け取りに検使役を務め、翌年は、西国・北国の大名と共に大坂城修理に当たるなど多忙であった。

松江城と城下の建設はほとんど吉晴によったが、仕上げは忠晴によってなされた。三の丸は、忠晴の代に築造され、京極氏の代に修築されて完成している。

藩内の開発にも力を入れた。城から東南方向の古志原《こしばら》（現・松江市古志原）は、水利の便が悪く稲作には向かなかった。元和元年、古志堤《づつみ》（溜池）を拡張して水を古志原へひくことを計画した。後年、松江藩営で薬用人参が植えられ、一大生産地となった。

堀尾忠晴木像
（松江市・圓成寺蔵）

元和九年三月十日、忠晴の重臣村尾越中《むらおえっちゅう》と堀尾但馬《たじま》が、菱根《ひしね》新田（現・出雲市大社町）の植え付けについて次のような触れ書《しょ》を出している。

一、去年植えた田は少しも荒らすことのないように。
一、去年より命じたように、稲を植えた田に稗《ひえ》を植えないように。
　もし稗を植えたら、追い出し、稲を植える者へ田を作らせる。
一、今年開墾した田の収穫物は、以前のように自由に取りなさい。
一、一、二年荒れたところは、一反につき二斗ずつの年貢とする。
一、新田地の百姓は、一軒あたり二反ずつ開墾するように。
右のように村々へ伝え、間違いのないようにしなさい。
　元和九年三月十日
　　　　　　堀尾但馬（黒印）
　　　　　村尾越中（花押）
　三木与兵衛殿

かつて、菱根池という大きな池があった。この池の開拓は、堀尾氏入国の頃から行われ、「三木家由緒書」によると、元和二年に、前田十左衛門《まえだじゅうざえもん》と竹井六左衛《たけいろくざえ》門《もん》が普請奉行となり、池の水を日本海へ流す大工事を行った。これにより、江田《えだ》村・八嶋《やしま》村・濱《はま》村・入南《にゅうなん》村・菱根村ができた。菱根新田とはこの開拓でできた新田である。

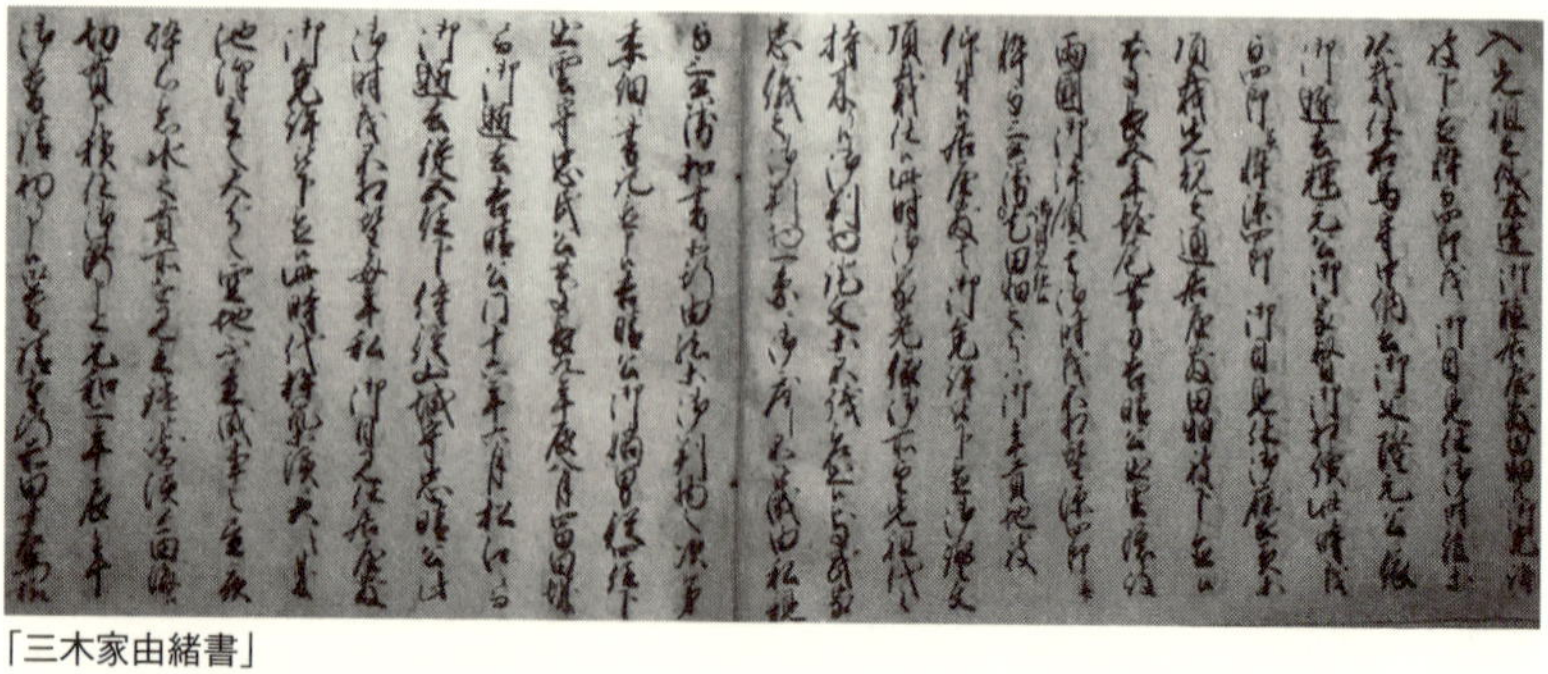

「三木家由緒書」
三木家は、鎌倉時代に出雲国守護となった佐々木氏の一族で、土着した家
（出雲市・三木昭吾氏蔵）

前述した玉造温泉について「玉造温湯《おんとう》之由来」に次のような記事がある。

「天正年間の大地震と洪水で、玉造温泉の薬師堂が崩れ、湯船も流されてしまった。薬師如来だけは長谷川某が持ち帰り守った。湯の名前だけが残り、仮の屋根すらなかったところへ、ある時、忠晴が河狩りの帰りに見て、訳をたずねたところ、長谷川某が詳細を訴えた。忠晴は家来に修復を命じた。寛永三年（一六二六）に薬師堂と新殿を建て、一の湯を御茶屋《おちゃや》内に造り、御前湯とし、二の湯は武士や町人、三の湯は供の人などが用いた。四の湯は在所の人や旅人が川辺に流れ出た湯を用いた。『湯之助』という管理人を置いた」

湯之助による管理は、幕末まで続き、庶民も温泉を利用できるようになった。

忠晴には、いささか信じ難いが次のような話も伝わっている。

伊勢亀山城（現・三重県亀山市）普請についてである。十七世紀末頃に亀山藩大庄屋の打田権四郎が編纂《さん》した領内の記録『九々五集《くくごしゅう》』に記された内容を基にすると、おおよそ次のような話になる。★

「三宅康信《みやけやすのぶ》が亀山藩主の時、幕府から『（丹波）亀山城を修理せよ』と忠晴に命令が下った際、勘違いし、（伊勢）亀山城の修理を始めてしまった。この時、石垣の修理の邪魔になる天守閣を一時的のつもりで撤去したところで、亀山城違いであることが判明した」

堀尾氏と亀山城天守に関しての記事はこれ以外に確認されていない。この話が

明治中頃の玉造温泉
（松江市教育委員会蔵）

▼亀山市歴史博物館の見解による。

事実であるか否かは不明である。

寛永二年（一六二五）、忠晴は宝照院《ほうしょういん》（現・松江市外中原町）へ、酒を断つ願いを出している。二十七歳の若さであったが、神仏に頼らなければならないほど酒に溺れていた。乱世を生き抜いた祖父や父親と違って、世の荒波に直接揉まれること少なく、大事に育てられ、ひ弱な面があり、重くのしかかる責任から一時でも逃れるために酒の力を借りたのであろうか。それでも、克己《こっき》の心が残っていたとみえ、願文《がんもん》中に「ようやく酒の程をわきまえなければならないと納得しました。今後は強い自制心で酒を禁止します」とある。

忠晴の死と家名存続運動

寛永十年（一六三三）九月二十日、忠晴は江戸屋敷にて三十五年の生涯を閉じた。亡骸は、江戸の養源寺《ようげんじ》（現・東京都文京区千駄木）に埋葬された。

忠晴の健康状態は、すでに八月には思わしくなかったようである。十五日に重臣堀尾丹家《たんげ》（丹下）が、忠晴の病気平癒《へいゆ》を祈願して刀一振りを平濱《ひらはま》八幡宮（現・松江市八幡町）に奉納している。また、幕府は、八月十九日に、書院番頭稲垣重《いながきしげ》大《とも》を病気見舞いに遣わし、九月二日にも阿部重次《あべしげつぐ》を見舞いに行かせている。忠晴は、死去する前の九月十四日に、幕政の中心人物である三人の年寄酒井忠世《さかいただよ》・土《ど》

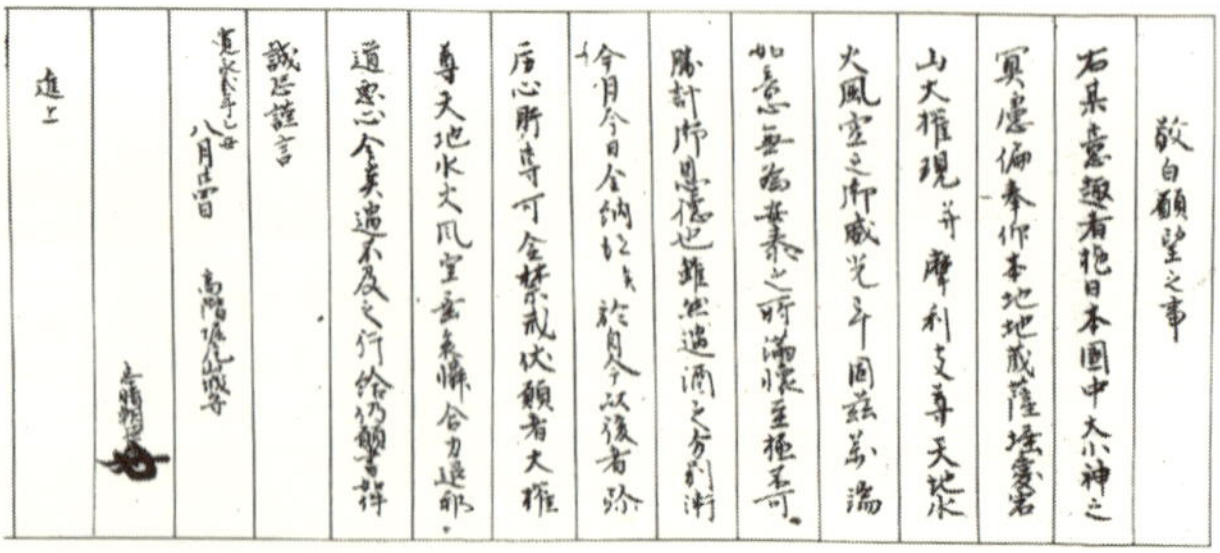

「禁酒願文」
（東京大学史料編纂所蔵）

井利勝《いとしかつ》・酒井忠勝《ただかつ》に書状を送り、死後の堀尾氏について願いを記している。この中で、雲隠《うんいん》（出雲・隠岐）両国の返上を申し出ているのが興味深い。病死直前に領地返上を申し出ることは珍しくなかったようで、見返りとして家名存続などを願った。忠晴の書状は、領地返上に続けて、家名を継ぐ人物に、石川廉勝《かどかつ》★を挙げ、廉勝に子ができたら継がせてほしいと願い出ている。

幕府内には、堀尾氏の存続を認める動きもあったが、次のような決着がついた。『徳川実紀《じっき》』によると、「忠晴に子があれば、封地を伝えることもできるが、家を継ぐ子がなく、その上、死に臨んで、領国を返し納めると申し出ているので、雲隠両国を収公する。しかし、寛永十年の収入については遺臣に下されることを伝えた」とある。前年の正月に、政治の実権を握っていた大御所徳川秀忠が死去してのち、将軍職を継いだ徳川家光は強硬な姿勢で政治に当たっていた。肥後の加藤清正《かとうきよまさ》の子忠広《ただひろ》を改易し、寛永十年三月には筑前黒田《くろだ》家のお家騒動《そうどう》に処分を下し、十二月には弟徳川忠長《ただなが》を自害させるなどしている。堀尾氏の改易はこのような状況下のことであり、不運であったと考えられている。

「堀尾古記」から家臣らのあわただしく、緊迫した動きがみえる。残された家臣らは幕府の老中や縁戚の大名との協議や、国元への連絡などをこなし、十一月三日に松江の屋敷を明け渡している。

筆者が担当した、松江城下の武家屋敷跡の発掘調査では、この頃のものと思わ

▼石川廉勝
堀尾吉晴の孫で、忠晴の娘婿。

堀尾忠晴供養塔
（忠晴の菩提寺の流れをくむ松江市・圓成寺）

れる不用物を捨てたごみ捨て穴を検出した。短期間に、さまざまな物を捨ててい
た。中には、当地方ではかなり高級で手に入りにくい陶器が完形に近い形で出土
した。屋敷を明け渡すために、急いで処理したのではないだろうか。

忠晴の死から五カ月後、堀尾家の旧家臣一〇名が幕府の老中に対して、堀尾氏
代々の幕府への忠節を述べた上、堀尾の名が断絶しないよう願い出ている。その
約五十年後、忠晴の曾孫にあたる石川式部《しきぶ》（勝明《かつあき》）が堀尾姓を名乗ることが許さ
れ、堀尾氏は復活した。しかし、式部は元禄元年（一六八八）、子のないまま死去
してしまい、堀尾氏は再び断絶した。

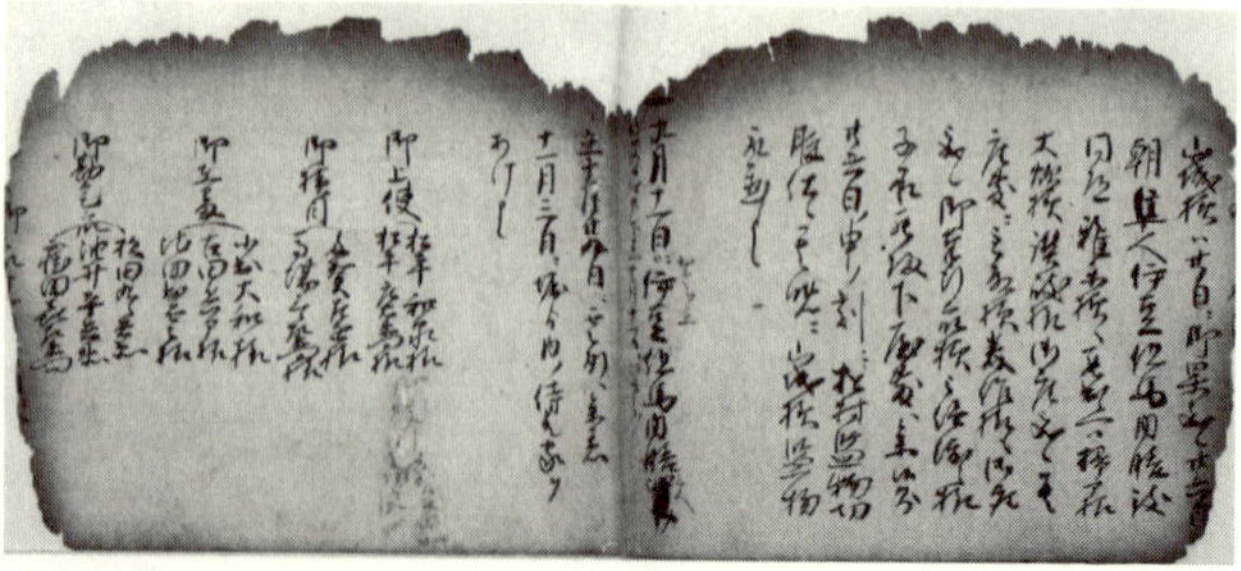

「堀尾古記」
（個人蔵）

④ 京極氏の入封

京極氏は一代限りであったが、大河の工事に着手し、「若狭土手」の名を残したように、城下の堀の埋め立てなど、積極的に城下の改善に力を入れている。忠高の正妻は将軍秀忠の娘であったが、妻らしい扱いを受けることなく、この世を去った。

京極忠高の人物像

京極忠高（下図）は、文禄二年（一五九三）に京都安久院《あぐい》で生まれた。父は高次《たかつぐ》、実母は於崎《おさき》（尾崎）であった。忠高生誕の二年後、高次は秀吉の側室淀《よど》殿の妹で浅井《あざい》長政《ながまさ》の二女初《はつ》を正妻として迎える。淀殿の妹初が義理の母となったのである。

慶長五年（一六〇〇）の関ヶ原の戦いで、高次は東軍として大津城を死守し、西軍を引き付けた。この時、嫡子熊麿《くままろ》（のちの忠高）は大坂城で人質となっていた。

戦後の論功行賞で、高次は若狭《わかさ》国八万五千石を与えられた。翌年、近江高嶋郡の七千石余を加増され、合わせて九万二千石を領することとなった。

人質熊麿は、父親の大津城籠城が十三日間と短かったので無事であった。熊

京極忠高木像
（滋賀県・清瀧寺徳源院蔵）

麿は、慶長八年二月十日に初めて江戸に下り、徳川秀忠の前で元服し、秀忠の「忠」の字をもらい、忠高と名乗った。十一歳であった。秀忠の妻小督《おごう》（お江）が、義母初の実妹であった。忠高にとって、秀忠は叔父にあたる。

忠高十七歳の時、父高次が若狭にて四十七歳で死去した。江戸にいた忠高は、急遽若狭に下り、京極家を継いだ。代替わりの当初は、父親以来の老臣に頼らざるを得ず、老臣が藩政をほしいままにする場面もあったようだ。筆頭家老熊谷主《くまがいもん》水《ど》の悪政が家康の耳に入り、秀忠が京極家に「監使」として鵜殿兵庫《うどのひょうご》を遣わしている。また、逆に熊谷主水が同僚である老臣の不正を家康へ直訴《じきそ》することがあった。この直訴は認められ、数名の老臣が各地に配流《はいる》された。その後、老臣たちは淘汰《とうた》され、次第に忠高の家臣団が形成されていった。

寛永元年（一六二四）冬に、若狭一国に加え、越前国敦賀郡内に二万千五百石を加増され、合わせて十一万三千五百石の大名となった。幕府からの度重なる普請命令に従った忠高は、自らの城小浜《おばま》城の築城を遅らせることになった。天守は、忠高が出雲へ移った後に入封《にゅうほう》した老中酒井忠勝によって完成された。小浜から熊川の間を流れる遠敷《おにゅう》川に舟を通すための工事も行っている。城普請のみならず、河川の土木工事にも力を発揮している。

大坂冬の陣では、豊臣秀頼《ひでより》方との交渉に当たった。忠高の義母常高院《じょうこういん》（初）が淀殿の実妹だったからである。家康の密命を帯び、一人で大坂城へ行き無事帰

京極家家紋
四つ目結

ったという。命より名を重んじる行為に、家康は感涙したと京極家では伝えられている。夏の陣では、鴫野堤《しぎのづつみ》で、敵の首級《しゅきゅう》三七〇★を討ち取った。同じ陣にいた叔父の高知《たかとも》は敵の首級四〇〇を討ち取った、と直後の書状にある。

忠高の松江での主な治世

寛永十一年（一六三四）七月六日、京都で忠高は将軍家光から、出雲・隠岐二十六万四千二百石を拝領した。家光は太政大臣叙任のため上洛中であった。

忠高は八月七日に松江城に入り、居城とした。

忠高が最初に行ったことは、領内寺社の領地安堵《あんど》であった。寺社側からの申請に基づいて行った。能義《のぎ》郡富田庄《とだのしょう》（現・安来市広瀬町広瀬）の富田八幡宮の神主田《た》辺右兵衛《なべうへえ》は、社領を安堵してもらうため、九月六日から十二月八日までの三カ月間松江城に詰めて藩の寺社奉行にかけ合った。前藩主の富田八幡宮に対する扱い、社領の状況、武勇の神・八幡神《はちまんしん》の威光や武運長久の祈願、代々の国主の証文などについて述べ、藩からこれまでの通りとすると認められた。

忠高は意宇郡竹矢村（現・松江市竹矢町）の安国寺《あんこくじ》★を「先祖菩提寺」に定め、新たに八石を加えた二十石を寄進した。

▼一説には三六〇。

父・京極高次の供養塔（安国寺）

▼安国寺
臨済宗南禅寺派で、室町時代から将軍足利家、出雲守護であった京極家から庇護を受けていた。境内には、忠高の父高次の供養塔（宝篋印塔〈ほうきょういんとう〉）があり、越前産の笏谷石（しゃくだにいし）でつくられている。

河川工事と鉄穴流しの解禁

入国以来、忠高の行った事業の内、最も有名なのは、斐伊《ひい》川護岸工事である。

すでに述べたように、斐伊川は中世に東流し湖水（宍道湖《しんじこ》）へ流れるようになっていた。洪水で斐伊川の土手が決壊することが多かったようである。京極家の家老たちが視察して、決壊の様子や堤防修繕の現状を知った。そして水量の少ない毎年一、二月に砂を盛って堤防を高くするよう村々へ命じた。しかし、少しでも水位が高くなると、川は決壊した。斐伊川の本・支流には板橋が架かっていて、その修繕が毎年だというので、家老たちは何度か視察し、対策について相談した。その結果七、八本あったという川筋を一本の大川にするということになった。

寛永十三年（一六三六）、忠高は大坂から水学者の川口昌賢《かわぐちまさかた》を呼び、改修の助言を得た。川口は、楯縫《たてぬい》郡西代《にしだい》村（現・出雲市西代町）で百日間逗留して、水の流れを見極め、近くの川筋から堤防をつくり始めた。大土手がつくられた場所は、北流する神門《かんど》郡来原《くりはら》（現・出雲市大津町）から始まり、武志《たけし》（現・出雲市武志町）で東へ大きくカーブして宍道湖へ向かい、西代村へいたる流路であった。この大普請は、忠高の死により、平田の天海土手で中止されるが、次の藩主松平直政に引き継がれ、四、五年で完成したという。このような大規模な堤防普請は初めてであり、忠高の官名「若狭守《わかさのかみ》」にちなんで、「若狭土手」と呼ばれるようになった。若狭土手は、斐伊川の決壊を防ぐためだけではなく、「忠晴の治世とその生涯」

出雲市武志町の「若狭土手」

で取り上げた菱根新田を広げる目的も含まれていたと考えられている。
伯太川《はくた》（現・安来市大塚）沿いにも、若狭土手がつくられている。これも、新田開発の目的が含まれていたと考えられている。

また忠高は、堀尾氏の時代に禁止されていた斐伊川上流での鉄穴《かんな》流しを許可した。★

鉄師（鉄山師）たちは、忠高が入国すると直ちに鉄穴流しの解禁を訴え出ていた。鉄穴流しにより、砂が流れ出、斐伊川や宍道湖が浅くなり松江城の防備が懸念されるということで禁止されていたが、川底に砂が溜まっても対処できる若狭土手の技術が鉄穴流しの解禁にいたらせたと思われる。また、忠高には、鉄山を復活させ殖産興業に努めるという思いもあったと考えられる。

堀の埋め立て

京極家伝来の松江城下町図が発見され、その研究が進んだ。昭和三十八年（一九六三）に京極家から丸亀市に寄贈された史料に、「寛永年間松江城家敷町《やしきまち》之図」（以下、「京極期図」）が含まれていた。これは、「堀尾期図」を基本としながらも、堀や道、屋敷地の様子が微妙に異なっている。堀尾期から変化した様子が表されている。一例を挙げてみよう。

「堀尾期図」を見ると、城の西側部分に四本の堀がみえる。その内の西から二

斐伊川と伯太川の若狭土手

▼
一、寛永拾年、堀尾山城守様御逝去
一、同十一年、京極若狭守様御入部被為遊、夫より両郡（仁多・飯石郡）鉄師、鉄穴流鉄山頻ニ御願申上、三ヶ年相続愁訴仕候ニ付、往古之通、鑪鍛冶屋仕候
（『鉄山旧記』より）

（大意）
一、寛永十年に堀尾忠晴が亡くなる。
一、同十一年に京極忠高が出雲へ入国した。入国直後から仁多・飯石両郡の鉄師は、鉄穴流しができるよう三年間、何度も愁訴した結果、旧来の通り鉄穴流しが認められた。
（『平成23年度特別展　松江創世記　松江藩主京極忠高の挑戦』より）

「寛永年間松江城家敷町之図（京極期図）」（丸亀市立資料館蔵）

本目は、水の行き場がない溜池状となっている。「京極期図」では、この部分が埋め立てられ、そっくり道となっている。理由は、この辺りの土地造成と関係がありそうだ。「松江城築城と城下町の建設」で触れたように、この辺りも低湿地であり、工事残土を客土して造成されたと伝えられている。土地造成に当たって、土中の水が充分に排出されないで残ったのであろう。徐々に染み出てくる水を溜める機能がこの溜池状の堀にもたせられていたと思われる。城下町ができてから三十年過ぎて、当初の目的は達成されたし、水流のない水は不衛生である。それで堀尾氏の時代にできなかった埋め立てを行った。

銀山の支配

寛永十三年（一六三六）三月二十七日、忠高は幕府直轄領石見《いわみ》の銀山★を預けられた。前年六月に「武家諸法度」が幕府から発せられ、大名たちはこれ以降、毎年四月に隔年で参勤交代することが義務づけられた。この時、忠高は江戸にいて、将軍から暇をもらって国へ帰る直前のことであった。

二カ月前の同年一月十三日に、銀山奉行の竹村万嘉《かずよし》が死去し、嗣子がなく断絶した。これを受けて幕府は、石見銀山と石見国の仁摩《にま》・邑智《おうち》両郡四万石を忠高に預けたのである。しかし、実際の銀山経営は、実務担当者として幕府から赴任の命令を受けた杉《すぎ》田《た》忠次《ただつぐ》が行った。杉田忠次は、全国の鉱山経営に当たった大久保

▼石見の銀山
大田市。平成十九年（二〇〇七）七月、世界遺産に登録。

長安《ながやす》の下にいたため、銀山経営や土木の知識が豊富であった。忠高の死後は、銀山の代官に任ぜられた。

雲州相撲の始まり

忠高は、なかなかの教養人であった。俳諧師斎藤徳元《さいとうとくげん》を小姓《こしょう》にするなど、和歌に親しみ、かつ秀でていた。清瀧寺徳源院《きよたきでらとくげんいん》（現・滋賀県米原市）に残された短冊に

「名月ともしらてさふらひに詠歌申候、おとろき、とりあへす如此ニ候、

いつとなくいたく澄そふたもとぞおもへばげにもなにしあふ月　忠高」

と、達筆で書かれている。

単に文化人であっただけでなく、大の鷹狩《たかが》り好きであり、また相撲にも熱狂していた。戦国の世に生を受け、戦も経験した武将の嗜みとして当然のことであったのだろう。戦乱の時代が終わり、戦場で武勲を争うことがなくなると、大名間では、相撲熱が高くなっていった。

忠高は七名の相撲取りを百〜百八十石取りの家臣として抱えていた。このうち、鈴木庄左衛門《すずきしょうざえもん》（百二十石）は、次期藩主松平直政《まつだいらなおまさ》の家臣としても、引き続き抱えられている。彼は、単に相撲を取るのみでなく、江戸御供番・大目付として七百石の禄を給されている。京極家の力士は、従来からの家臣が

忠高自筆の和歌短冊（滋賀県・清瀧寺徳源院蔵）

多かった。井口《いのくち》・三方《みかた》・多胡《たご》などは近江・若狭時代からの家臣であった。

この頃は、町の四つ角や広小路で行われる辻《つじ》相撲や寺社境内での勧進《かんじん》相撲は禁止されていた。幕府は、相撲が賭けの対象になり、場合によっては治安を乱すという理由で、辻相撲を一貫して禁止していた。庶民の潜在的な欲求をみたすため、寺社あるいは公共の施設で行う勧進相撲が許されたのは、一七〇〇年前後からという。大名が、屋敷内で相撲を取らせ、それを座敷から見て楽しむことは許されていた。忠高の相撲好きが、雲州相撲の始まりといってよいかもしれない。

将軍の娘を正妻にした忠高

若狭小浜で代替わりの時に、重臣たちに苦労した忠高であったが、のちに自らの家臣団をつくり上げた。その彼が最も信頼したのは、佐々九郎兵衛《さっさくろべえ》であった。小姓として忠高のそばにいて、松江へ来ると共に、五百五十石から八千百石となり、二年後の家臣団改革で一万石にまで昇り詰めた人物である。忠高の一人娘伊知子《いちこ》は日記『涙草《なみだぐさ》』で次のように述べている。

「九郎兵衛は、心が広く、情け深く、どんな時でも誠実に心配し、世間の事情をよく心得ていて、細かなことまで心に入れて処置するので、とても頼もしい。心の持ち方が、他の人より立派であったから、忠高も早くから、誰よりも彼を可愛く思い重用しました。また九郎兵衛は、主君のために忠を尽くし、同僚にも情け深く、家臣として政道を忠実に行い、奉仕しました」★

忠高の治世に当たって、発給された文書は、次の四種類に分けられている。

一、京極忠高が署名する文書
二、佐々九郎兵衛が単独で署名する文書
三、赤尾伊織正・佐藤高信（内記正）・多賀越中守の三名が連署する文書
四、村井与兵衛・笠原太郎右衛門尉の二名が連署する文書

当然のことながら、一の文書が最も格式が高く、所領安堵の文書に見られる。二の文書は、一の文書の内容をさらに細かく指示するものや、諸役免許に関するものや忠高の代弁をするものなど、さまざまである。

藩の発給文書で特徴的なのは、佐々九郎兵衛の立場が際立っている点にある。若狭小浜にいた頃は、九郎兵衛が単独で文書を出すことはなく、筆頭家老多賀越中守と連署するか、重要文書は、多賀越中守単独で出していた。出雲では、九郎兵衛をいかに高く扱っていたかよく分かる。

「堀尾期図」では、堀尾采女の屋敷地であった部分がさらに広げられ、佐々九郎兵衛の屋敷地になっている。発掘調査の結果、九郎兵衛の生活した建物跡を確定するにいたらなかったが、池の部分は、まだ埋められずに残っていたようである。九郎兵衛も観賞したのだろう。屋敷地から、表側に「佐々九郎兵衛」、裏側

▼藤井喬『涙草原解』（一九六九）より引用。

荷札木簡
表「佐々九郎兵衛」
裏「□六把ノ内」
（松江市教育委員会蔵）

に「□六把《わ》ノ内」と墨書《ぼくしょ》された木簡《もっかん》が出土している。

慶長八年(一六〇三)七月に、秀忠の正室小督《おごう》に女の子が生まれた。「初姫《はつひめ》」と名づけられ、家康の命で、京極高次の養女として、嫡子忠高の正妻になるべく育てられた。いつ婚礼の儀を執り行ったかは不明であるが、忠高が家督を継いだのが、十七歳の時であったから、その直後としても、初姫は六歳であった。夫妻は、子を設けることはなかった。

忠高の妻初姫は、寛永七年(一六三〇)三月四日、江戸で亡くなった。二十八歳であった。前将軍の父秀忠は大いに嘆き悲しんだ。将軍家光の命で、十四日に葬儀が行われたが、夫忠高は加わっていない。

初姫の臨終の時、忠高は自邸で力士数十人を並べ、相撲を見物していた。奥向きから容態を伝えようとしたが、忠高へ取り次ぐ者がいなかったという。初姫は、夫から冷たくあしらわれていたことを恨みつつ亡くなったようである。幼い頃から、十一歳年上の忠高と兄妹のように過ごして育った。忠高は、彼女を女性として見ていなかったのではないだろうか。初姫の病は、心の病のようで、夫忠高に振り向いてもらおうと必死になった挙げ句のことであろう。尋常でない死のため、幕府は、葬儀の際の大名たちの香典は一切無用と決定している。

寛永十四年(一六三七)六月十二日、江戸にて忠高は死去した。四十五歳であった。松江藩主となってから三年しか経っていない。忠高の遺体は、一時、江戸の東禅寺（臨済宗）に置かれ、荼毘《だび》に付された後、遺骨が松江へ運ばれ、七月十六日に葬儀が行われた。安国寺で行われたのであろう。現在知られている墓は、清瀧寺徳源院にある。

　葬儀の翌日に近習組頭加納又左衛門尉《かのうまたざえもんのじょう》（六十二歳）が、三日後に小姓井上重《いのうえしげ》継《つぐ》（二十二歳）が殉死した。二人の墓（五輪塔）は、清瀧寺の忠高の墓（宝篋印塔）の後ろに並べて建てられている。「京極御系図」には、「忠高は、常に万民への哀憐《あいれん》がとても深かったので、病死の時、加納又左衛門尉と井上重継が御供として切腹しました。諸人は感涙を催しました」と記してある。

　忠高は、死の三年前に将軍家光の乳母春日局《かすがのつぼね》へ、京極家の養子について相談していた。しかし、春日局は、家光へこのことを伝えていなかった。初姫に対する仕打ちを知っていたからであろう。結局、幕府から末期《まつご》養子の許可は下りなかった。忠高は、弟高政《たかまさ》の子高和《たかかず》を養子にしようと考えていた。このような複雑な事情のため、京極家の家名存続については、なかなか結論が出なかった。そのうち、十月四日に高和が江戸に下ってきた。家老の佐々九郎兵衛は、内々に高和が養子になっていたことを幕府老中に訴えたが、なかなか問題は解決しかった。

　十二月二十二日になって幕府の決定が下された。忠高の跡目として高和を認め、播磨《はりま》国龍野《たつの》六万石（現・兵庫県たつの市）へ転封《てんぽう》というものであった。

清瀧寺の京極忠高の墓と殉死者の供養塔（五輪塔）
右・加納又左衛門尉
左・井上重継

京極高和肖像画（部分）
（丸亀市立資料館蔵）

通常、末期養子は認められないが、大幅に石高を減らされたにしても、高和の相続が認められたのである。将軍家光は、祖父高次の関ヶ原の戦いにおける功績を評価し、高次が大津籠城時の禄高六万石を、高次を祀るため高和に与えると理由を述べ、また養父忠高も日頃怠慢なく幕府に奉仕したためであると言って許可した、と『徳川実紀』に記録されている。一から奉公し直せ、という意味が込められていたようである。その後、京極氏は播磨国龍野から讃岐《さぬき》国丸亀《まるがめ》へ転封となり、幕末を迎えることになる。

幕府公認の竹島渡海

元和四年★（一六一八）、鳥取藩伯耆《ほうき》国米子《よなご》の町人大谷《おおや》甚吉《じんきち》と村川市兵衛《いちべえ》は藩主を通じて、幕府から竹島（現・鬱陵島《うつりょうとう》）渡海の許可を得た。これ以降、両家は隔年交代で竹島に渡って魚介類の採取・アシカの捕獲・竹の伐採等を行った。

両家は、将軍家の葵紋を船印にして漁労に従事した。採取したあわび鮑を将軍家へ献上していたという。同島での事業を幕府公認で独占的に行っていたことになる。隠岐から竹島への道筋にあたる松島(現・竹島)は、航海の中継基地となり、次第に漁労等に利用されるようになった。両家の両島における独占的事業は、その後約七十年にわたったという。

▼寛永二年（一六二五）という説もある。

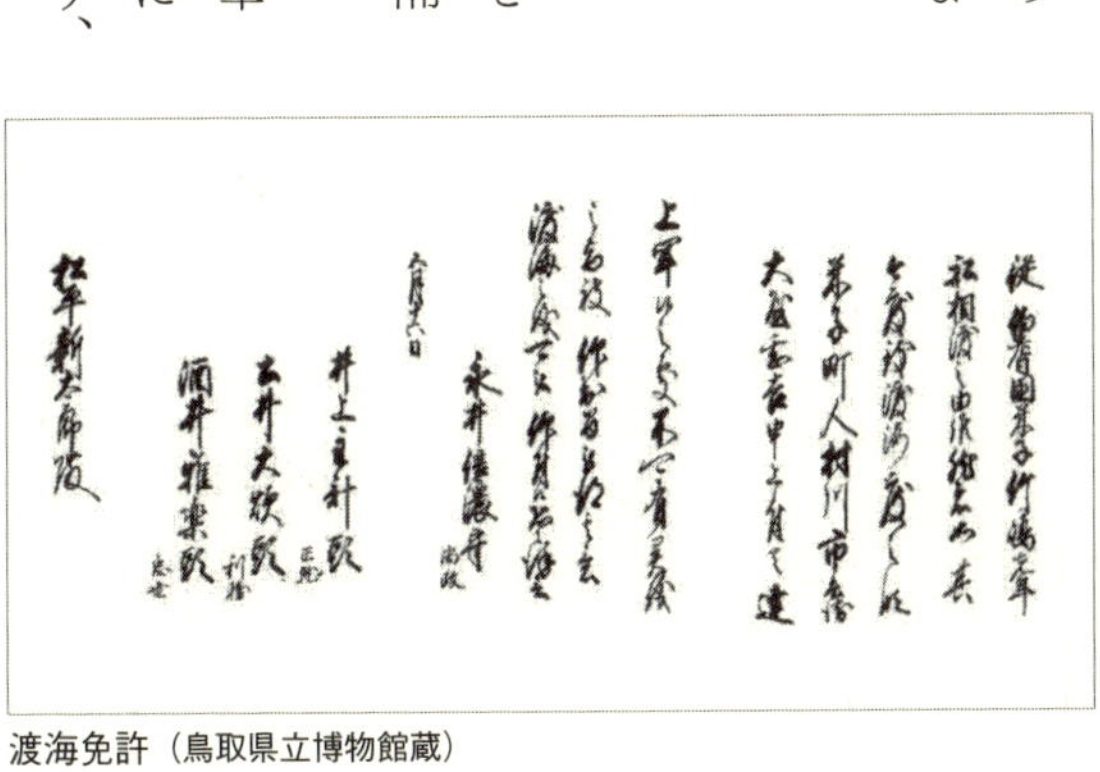

渡海免許（鳥取県立博物館蔵）

これも松江

出雲大社で発掘された巨大な本殿

　伊勢神宮とならび、出雲の大社《おおやしろ》は我が国で最も格式が高いとされている。出雲大社では、年間七二回の祭りがあり、五月十四日の例祭には、勅使がたつ。

　大社の創建はいつのことか分からない。しかし、祭祀《さいし》を掌る家を代々「国造家《こくそうけ》」と称してきたことからも、古代に遡ることは間違いない。本来、「国造《くにのみやつこ》」は七世紀初頭に設けられた地方官名で、『日本書紀』の斉明天皇五年（六五九）の記事に「出雲国造に命じて神宮を造営させる」とある。その後、律令制《りつりょうせい》の時代になっても、出雲・紀伊国では神祇《じんぎ》祭祀の面で引き続きその役割を果たしたとされる。七世紀後半には、大社はこの地に鎮座していたと思われる。

　平成十二年（二〇〇〇）四月、発掘調査中の大社境内で巨大な柱の根本が発見され、大きな話題となった。杉の大木三本（一本の径一二五～一四〇センチメートル）を束ねたもので、出雲大社に伝わる「金輪御造《かなわごぞう》営差図《えいさしず》」の柱に相当するものであることが判明した。出土したのは、心御柱《しんのみはしら》・宇豆《うず》柱《ばしら》・南東側柱であった。考古学的には十一世紀後半～十三世紀のものと推定されたが、心御柱直下で出土した板材を年輪年代測定法で調べたところ、一二二七年代と判定した。大社の造営記録と比較対照すると、嘉禄元年（一二二五）に倒壊した後の造営時期と一致し、鎌倉時代の柱であることが分かった。本殿の高さは不明であるが、現在の本殿（二四メートル）より遥かに高いことが想像できる。

杉の大木三本を束ねた心御柱

　平安中期の初歩教科書『口遊《くちずさみ》』に「雲《うん》太《た》・和二《わに》・京三《きょうさん》」とある。建物の大きさを比べ、一番が出雲大社本殿、二番が奈良東大寺大仏殿、三番が平安京大極殿であるという。それだけ大きい建物として認識されていたのである。当時の東大寺大仏殿が一五丈（四五メートル）であったので、それ以上に高かったことになる。

　室町時代の言い伝えでは、出雲大社本殿の高さは一六丈（四八メートル）とも、三二丈（九七メートル）ともいわれていた。現在の本殿も、神社建築の中で、国内最

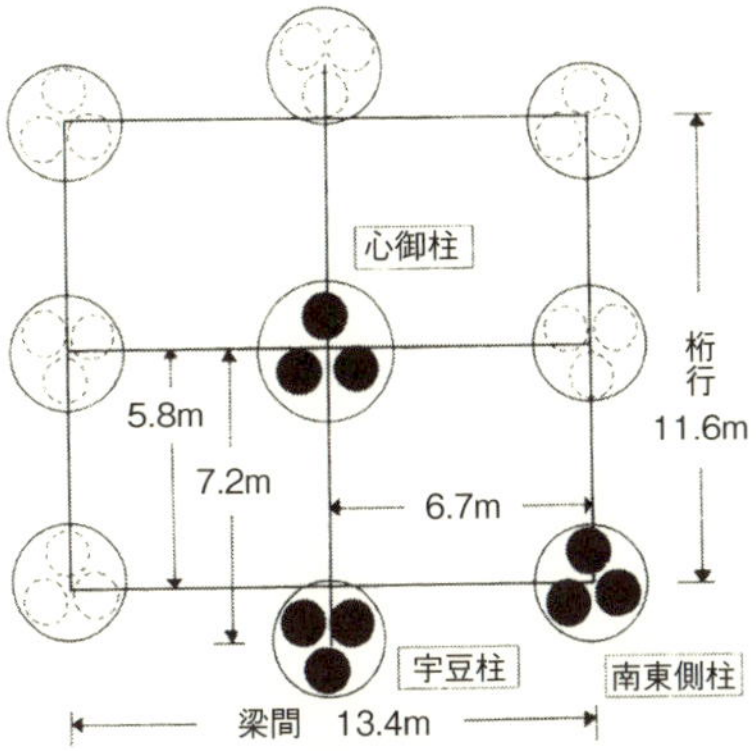

出土した柱の位置と本殿規模
（『古代出雲大社の祭儀と神殿』より）

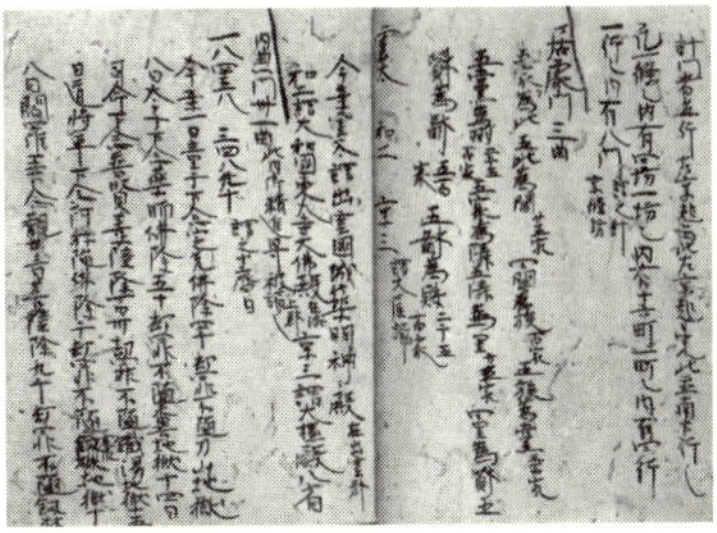

『口遊』
（右ページ、綴じ込み付近に
雲太　和二　京三とある）

高の高さを維持している。

平成二十年（二〇〇八）から二十五年にかけて、本殿（国宝）は仮本殿に遷宮中で、屋根葺き替えが行われている。

これまでよく知られているのは寛文七年（一六六七）の遷宮で、それまで続いた「仮殿式」から「正殿式」に復活させたと伝えられている。「歌舞伎の始祖出雲の阿国」で触れた造営のことである。

なお、この時に境内にあった仏教関係の施設を近隣の寺院に渡して、全国で最も早く「神仏分離」を実現したという。現在の本殿は、延享元年（一七四四）の遷宮時に造営されており、その後文化六年（一八〇九）、明治十四年（一八八一）、昭和二十八年（一九五三）に屋根葺き替え修理が行われた。

遷宮中に本殿内部を見学する機会に恵まれた。これもよく知られていることであるが、切妻・妻入りの建物で、金輪御造営差図で分かるように、内部は田の字状に分けられ、神座は北東側に位置し西（海岸）を向いている。拝殿は南側に置かれているので、一般参詣者は、祭神の左側面に向かってお参りすることになる。その理由として、朝鮮の方を向いているとか、太陽神信仰との関わりがあるとか、さまざまなことが言われている。神座の置かれる上座部分の天井には七つの雲が色鮮やかに描かれている。

祭神は大国主大神《おおくにぬしのおおかみ》で、一般に縁結びの神様として信仰され、二拝四拍手一拝の作法で拝礼されている。

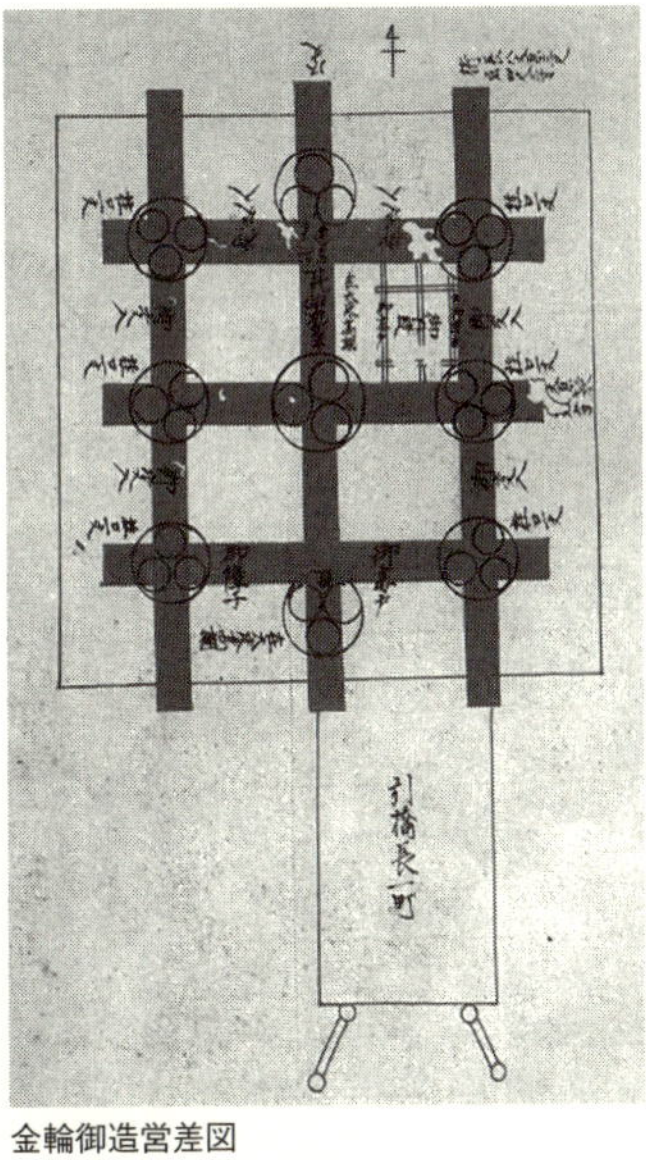

金輪御造営差図
（出雲大社宮司千家尊祐氏蔵）

これも松江

松江の名物

松平不昧（治郷）公好みの銘菓

松江は茶所として、和菓子の製造販売店が多く、人口一人あたりの和菓子消費量が日本一といわれる。

不昧公が好み、今も人気が高く日本三大銘菓に入る、若草《わかくさ》と山川《やまかわ》を取り上げてみた。

若草

求肥《ぎゅうひ》のまわりに若草色の衣をていねいにまぶしてある。

風流堂
TEL 0852-21-3359

山川

落雁《らくがん》の一種である。紅白一対で、割った時の凸凹が山と川のように見えたため、治郷の「ちるは浮き　散らぬは沈む　紅葉はの　影は高雄の　山川の水」より命名したと伝えられる。

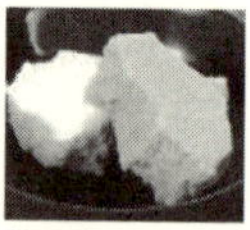

桂月堂
TEL 0852-21-2622

特徴ある醤油

蔵付き酵母《こうぼ》を生かした製法

森山勇助商店は、松江市石橋町にある。仕込み蔵である「木桶《きおけ》蔵」には、直径一・五メートル前後はあろうか、二〇〜三〇石の木桶が一〇〇本近く並んでいる。蔵の梁や天井には、酵母菌が棲みついている。

こうした環境の中で、伝統的な方法で醤油は醸造される。自然の温度変化に委ねていて、熟成するまで一〜三年かかるという。

だから、このカネモリ醤油は「昔の醤油の香りがする」と評判が高い。

100本近く並ぶ、吉野杉の木桶

「カネモリ醤油」贈答用セット
森山勇助商店
TEL 0852-21-2165

清澄な湧水使用の製法

森田醤油は、仁多郡奥出雲町三成《みなり》にある。中国山地の脊梁のすぐ近くに位置し、冬季はかなりの積雪があり、豊富な湧水となる。

麹《こうじ》造りから一貫して、自然を生かす伝統的な醸造を行っている。

醤油造りのテーマは、「子供から大人まで食べ続けて安全な醤油」で、造り出される製品には、工夫が凝らされている。醤油のほかに手造りぽん酢なども手がけている。

なかなか根強い評判をもつ醤油である。

木桶で醸造中の醤油

三年熟成醤油

むらげの醤《ひしお》

森田醤油
TEL 0854-54-1065

第二章 松平氏の治世が始まる

親藩として山陰・山陽の要に配置された松平氏は、維新まで、十代続く。

1　松平直政の松江と江戸での足跡

藩祖として親しまれている直政は、直書で国を治める要は民を富ませることにあると明言し、自らの政治姿勢を正すと同時に、城下の堀を改修し、土地の改良などの努力もしている。江戸での直政は鷹狩りをよくし、武蔵国多摩郡内に下屋敷（現在の杵築神社）を設けた。

松平直政の入封と施策

松平直政《なおまさ》は、慶長六年（一六〇一）八月五日、近江国伊香郡中河内（現・滋賀県伊香郡余呉町）で生まれた。徳川家康の二男結城《ゆうき》秀康《ひでやす》の第三子で、家康の孫に当たる。母は三谷（三好）好長基《ながもと》★の娘で駒《こま》といった。秀康は、下野国結城（現・茨城県結城市）で十万一千石を領していたが、同年五月に越前国六十八万石に封ぜられ、かつて柴田勝家が籠《こ》もった北の庄城にいた。直政は、駒が身重の体で北の庄城へ向かう旅の途中で生まれた。幼名を河内麿、のちに国丸と呼ばれた。異母兄弟の忠直《ただなお》、忠昌《ただまさ》という二人の兄と、のちに直基《なおもと》、直良《なおよし》と名乗る二人の弟がいる。

九歳で読み書き、手習いを始め、十二歳から馬術を習い始めたという。十一歳の時、京都で家康、秀忠に謁見《えっけん》している。十三歳の時、元服に当たり兄忠直から

結城秀康肖像
（福井市・運正寺蔵）

▼三谷（三好）長基
元長（もとなが）ともいう。三好長基（元長）は一五〇一〜一五三二のため、三谷氏が正しいと思うが、三谷氏の生没年等の史料がないというのが現状である。

「直」の字をもらい、出羽介（助）直政と名乗った。
慶長十九年十月、大坂冬の陣に忠直は越前から出陣した。直政は十四歳になっていた。出陣に加わりたいと母・月照院に想いを打ち明け、直政の心を知った月照院は大変喜んで、「君は名将故秀康公の子である。栴檀《せんだん》は二葉《ふたば》より香《かんば》し、戦陣に勇なく臨むは孝あらずなり、のちの世に名をあげ、以って父母の名を顕《あら》わすは孝の終わりである」など古書の教えを伝え、「祖先の名誉を汚すことなく努めるよう」励まし、衣服を縫い、馬験《うまじるし》を仕立て、その布に墨で丸を描いて印とするよう持たせた。

しかし、直政は、将軍からの命令も、兄忠直の許可も得ていなかった。北の庄から一〇里あまりの今ノ庄に来たところで止められ、引き返すようにと忠直の叱りを受けた。直政は、自害も辞さぬ勢いでこれに抵抗した。直政が死を覚悟していることを忠直は知り、将軍家に願い出た。直政は、晴れて陣に加えられた。そして家康、秀忠に拝謁した。家康は、大いに喜び直政の手を握って誉めたという。

十二月四日、直政は藤堂《とうどう》・井伊《いい》両氏の軍勢と玉造門を攻めたが、城将真田幸村《さなだゆきむら》がよく防ぎ、犠牲者も出た。直政は、陣後より馬を跳《と》ばし矢石が飛んでくるのも恐れず進み、真田丸に迫った。左右から止めにかかったが、鞭《むち》を振りいよいよ進んだ。幸村は、これを見て撃《う》ち方を止め軍扇《ぐんせん》を投げて誉めたと伝わる。この話は事実かどうか不明であるが、軍扇を松平家の家宝として重要視し、今に伝わる。

松平直政初陣図（部分）（松江市蔵）

伝真田幸村軍扇（松江神社蔵）

元和二年（一六一六）、忠直は、越前国大野郡木本《このもと》（現・福井県大野市）一万石を割《さ》いて直政に与えた。その後、同五年上総国姉崎《かずさのくにあねがさき》（現・千葉県市原市）一万石、寛永元年（一六二四）越前国大野五万石、同十年信濃国松本七万石を経て、同十五年に出雲国松江十八万六千石に封ぜられ、併せて隠岐一万八千石の管理が決定した。将軍の前で、老中・若年寄列座の席で、直政移封の評がある時、井伊《いい》掃部《かもんの》頭《かみ》が「出羽守は勇将なれば、大国を賜っては如何なる変の生ぜんも計り難い。とかく、小国にて浦多い所がよい」と言ったという。直政は出羽の山形を望んでいたが、出雲となった。直政が、「隠岐の国はどのようになりましょうか」と伺いをたてた。同席していた若年寄の堀田若狭守が「隠岐の国ではありません。隠岐の島と仰せられるように」と注意した。直政は即座にはその意を計りそこねたが、後になって、そのことに気づき、もしあの時島と言っておけば領国の中に加えられたであろうと残念がったという話がある。

寛永十五年四月十三日、直政は親藩《しんぱん》大名として松江城に入った。幕府が出雲に親藩を配置したのは、東の鳥取藩池田《いけだ》氏（外様《とざま》大名）、西の長州藩毛利《もうり》氏（同）、南の岡山藩池田氏（同）・広島藩浅野《あさの》氏（同）などに睨《にら》みをきかせるためであった。島原の乱のくすぶりが残り、翌十六年にキリスト教禁令とポルトガル船来航禁止令を出し、鎖国体制の完成に向かう時期であったことも影響したのであろう。

直政は入国後、功臣乙部《おとべ》九郎兵衛《くろべえ》可正《よしまさ》、三谷《みたに》権太夫《ごんだゆう》長玄《ながはる》、朝日《あさひ》丹波《たんば》重政《しげまさ》、神谷《かみや》

島根県庁前広場に建つ松平直政銅像

松平直政肖像画（部分）
（松江市・月照寺蔵）

源五郎富次《げんごろうとみつぐ》、大橋茂右衛門政貞《おおはしもえもんまささだ》、柳多四郎兵衛弌道《やなぎだしろべえかずみち》の六人を重用した。彼らは、のちに「代々家老」と呼ばれた。三谷・神谷・柳多の三家は月照院に、朝日家は結城秀康につながり、乙部家は秀康に仕えた家である。大橋茂右衛門については、直政が特別に礼を尽くして家臣に迎えたという逸話が伝えられている。

家臣を集めるのに出自《しゅつじ》を重視した。兄忠直《ただなお》の引退を受けて大野五万石を与えられた際、越前家を継いだ二兄忠昌《ただまさ》から家臣を分与してもらう交渉を、家老乙部可正に指示している。自らの藩を越前家出身の者を中心に動かすことを考えていた。しかし、揺るぎない藩にするには、他家に仕えて武功を上げた経歴をもつ者も家臣として迎える必要があった。その代表的な人物が大橋茂右衛門で、茂右衛門は、広島城主福島正則《ふくしままさのり》に仕えて関ヶ原の戦いで武功を上げ、福島家減封の際の交渉役を務めるなど、世に名高かった人物であった。福島氏が滅びた後、若狭小浜で京極忠高に三千石で抱えられ、出雲入国後、五千石に加増されていた。京極の転封後、続いて直政に取り立てられたことになる。

また、松本から引き連れてきた家臣の他に、堀尾氏や京極氏の遺臣で引き続いて取り立てられた家臣も多かった。

家老のうち、三谷・乙部・神谷の三家は、藩政の執行にあたる仕置役であった。家老の下に、武士・徒《かち》・小算用《こざんにょう》（会計）・獣医・鷹匠《たかじょう》・台所・足軽の総勢約二〇〇〇人がいた。

乙部九郎兵衛可正肖像画（部分）
（松江市・乙部正人氏蔵）

天明八年（一七八八）に編纂された松江藩の政令集といえる『松江藩出雲国国《こく》令《れい》』★（以下『国令』）によると、寛永十六年己卯付けで、直政は家老格の家臣宛に直書《じきしょ》を発した。要旨は次の通りである。

一　国を治める要《かなめ》は民を富《と》ませることにある。この国を賜《たまわ》ったのは、民を富ませ、素直にさせることにある。

一　必要以上な贅沢《ぜいたく》の風に流れると、国の費用も多くなり、民にむごい目をみさせることになる。このようなことの起こらないよう、心せよ。

一　人の上に立つ者は、利欲の心を制すること。利欲に耽《ふけ》ると、役職がおろそかになり、贔屓《ひいき》や偏《かたよ》った政治となる。

一　入《い》るを量り出《いず》るを制し、財政の健全化に努めること。

一　役人を選ぶに当たって、良否をしっかり審査すること。才知があっても、奢《おご》りが強く利欲に耽る者は除くべきである。素直で質素な人物であれば、下々の者も従う。

一　法をつくる時は、粗《あら》くせよ。細かくすると、守ることが困難になる。上の者が行うことは、下の者も行うようになる。上がきちんと行わないで、下の罪を責めることは、国を治める道に反している。

直政の政治に対する心構えがよく表れている。下の者を思いやる心がにじみ出て、以下に述べる治世の根底にあるものも理解できよう。

▼『松江藩出雲国国令』
天明八年、松原基編の法令書。

京極氏の治世を一気に改造した直政

前章で述べたように、京極忠高は勢力的に事業を展開した。斐伊《ひい》川の若狭《わかさ》土手は、忠高の治世が三年間と短かったため完成されないで終わったが、松平直政の代に引き継がれ、明暦三年（一六五七）に完了した。この例に限らず、忠高の事業を継いで、一気に改造していったのが直政であった。

「出雲国松江城下絵図」（以下、「松平期図（正保）」）と呼ばれる絵図がある。正保年間（一六四四〜四八）に幕府が全国の大名に提出させたもので、直政が藩主の時代である。前出の「京極期図」と比較すると、城下の変遷《へんせん》が読み取れる。両絵図の要所には、道や土手、堀の寸法が記入されているからである。

両図を比較した西島太郎氏の研究をみると、城下の堀は、時を経《へ》るに従って、幅が狭くなり、水深は浅くなる傾向がある。土砂の流入や宅地や耕地の造成と関係しているのであろう。城の防備を弱めることになるが、直政の時代になると、防戦体制、言い換えると、外敵の侵入に対する考えが変化してきたようである。

とはいっても、必ずしもそうではない例もある。その例を次に挙げる。

西側外堀《そとぼり》が鉤《かぎ》の手状に曲がって南へ延びる部分は、四十間堀《しじゅっけんぼり》と呼ばれ、現在も存在している。「京極期図」のこの部分の堀の幅は、四一間半〜四四間（約七四～七九メートル）あった。ところが、「松平期図（正保）」では、南北に通る四十間堀の中ほど（岸が東へ直角に折れ曲がっている辺り）の幅が四五間（八一メートル）で、他は二五間（四五メートル）とか三〇間（五四メートル）で狭くなっている。しかし、水深をみると、北側でかつて一間であったのが二間と深くなっており、中ほどでは一間四尺五寸であったのが二間に変わりここも深くなっている。堀の幅が狭くなり、深くなっていることが分かる。堀の西側は、「堀尾期図」では「ふけ田」、「松平期図（正保）」では「深田」と記される低湿地帯であった。深田の開発が進み、陸地化され、堀のほうに土地がせり出したため、堀の幅が狭くなったと考えられる。幅を狭《せば》めても、水深を深くすることによって水の流れをよくすることが狙いであったのだろう。四十間堀の東につながる北堀《きたほり》（城の北に位置する）も、深くなっている。これは、堀底をさらい、一定の深さに掘り下げた結果と思われる。先述の防戦体制に対する考えの変化と矛盾するが、城の搦手《からめて》となる重要な部分については、敵の侵入を防ぐのに効果的な対応をしたのであろう。

雑賀《さいか》町（各絵図の一番南側）の様子を絵図で見ると、江戸時代の初期と後期ではずいぶん違う。「堀尾期図」や「京極期図」では、東西方向に長い屋敷割となるが、江戸時代後期の「雑賀町絵図」を見ると南北に長い。現在の町並みもこれを踏襲した形となっている。「雑賀町絵図」の東西・南北に走る道筋は「松平期

雑賀町絵図（部分）
（島根大学附属図書館・桑原文庫蔵）

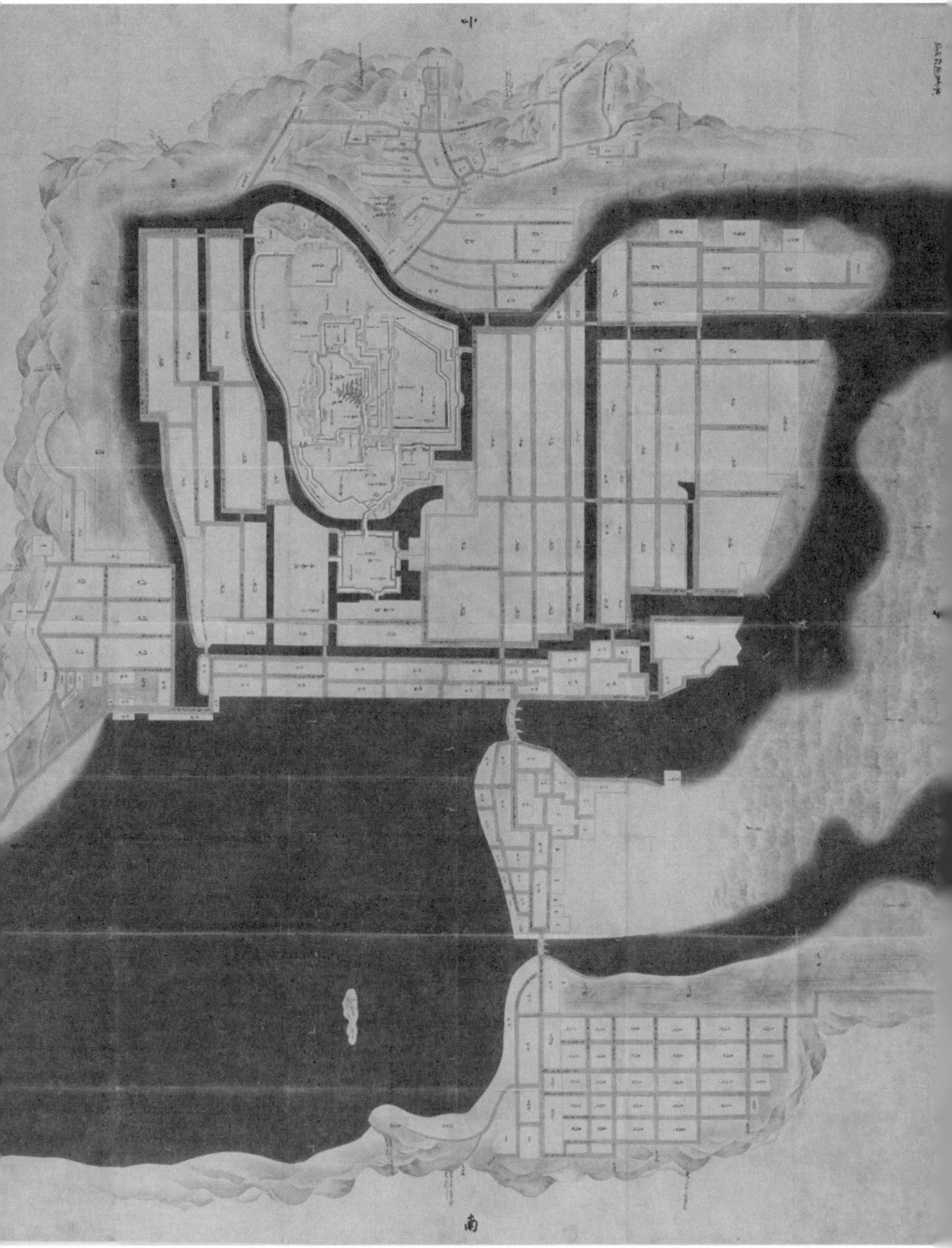

「出雲国松江城下絵図（松平期図〈正保〉）」（国立公文書館蔵）

図（正保）」と同じ形をしている。

農業の振興と地方の法

地方《じかた》の法とは、江戸時代の農業に関するあらゆる政務を指している。検地・収納・税法等をはじめとし耕地の開発・諸施設にも及んでいる。

直政が、正保三年（一六四六）に町奉行に対して出した触れ書に「農業は国の本で尊いものである」とあり、農業を重視していた。

藩は同年から慶安三年（一六五〇）にかけて、水田の灌漑のため、神門《かんど》郡大津《おおつ》村（現・出雲市大津町）の上来原《かみくりはら》から同郡上塩冶《かみえんや》村（現・出雲市上塩冶町）の菅沢《すげさわ》にいたる水路工事を行った。トンネル工事で、『土工記《どこうき》★』に長さ一九八間（三五六・四メートル）、高さ八尺（二・四メートル）、横四尺（一・二メートル）とある。石見銀山から鉱夫を連れてきて掘らせた。「只谷間府《ただたにまぶ》（歩）」という。間府というのは、元来鉱山用語で坑道《こうどう》を意味していた。この水路は、後世、かなり改造されて近年まで利用されていたが、斐伊川放水路建設のため消滅した。

意宇郡岩坂《いわさか》村日吉《ひよし》（現・松江市八雲町日吉）を流れる意宇川は、この辺りで、北流して小丘剣山《つるぎさん》に突き当たり、東に向きを変え数百メートル流れると、また小丘陵に阻まれて西流するという蛇行する川であった。大雨が降るたびに、堤防が

▼『土工記』宝暦九年（一七五九）に普請奉行冨永庄助が集大成した治水土木技術書。

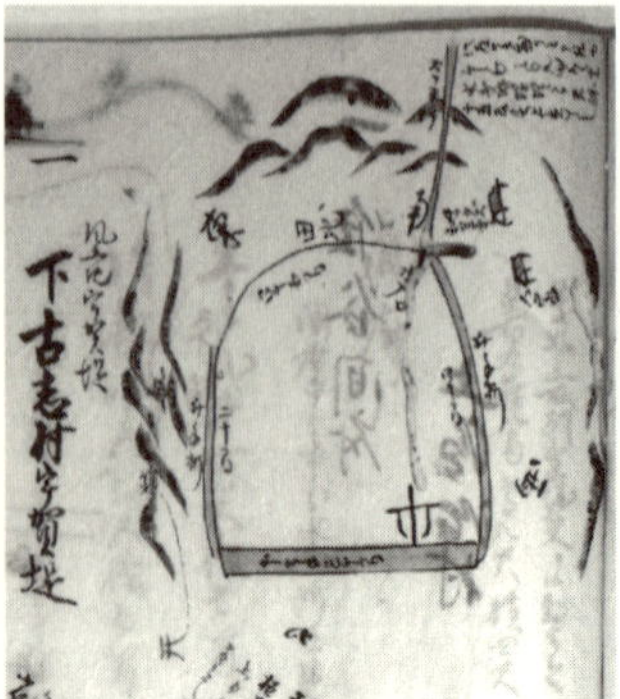

『土工記』記載の図（部分）で只谷間府は右上部に描かれている（松江市教育委員会蔵）

「只谷間府」（島根県埋蔵文化財調査センター提供）

決壊し村は泥沼化するので、地域の村人はその対策に悩まされてきた。川の氾濫対策として、村人自ら堤防を築いていたことが、近年の調査で分かっている。川の左岸（集落・水田側）に築かれた小石を積んだ南北方向の堤防で、幅一〇メートル、高さ三メートルの規模をもち長さ五〇メートルの範囲にわたって残されていた。

村人代表の初代周藤《すとう》彌兵衛《やへえ》家正《いえまさ》は、「洪水の原因は、蛇行する川にあるので、剣山の一部を切って川の流路を変えてほしい」と藩に懇願したが、藩の役人は、日吉はわずかに百三、四十石の村で、受ける恩恵のわりにかかる費用が大きいと渋っていたという。それを知った直政は、「経費のことばかり考えて、民を忘れるのは民を治める道ではない」と言って、川違《かわたが》いと剣山の開鑿《かいさく》工事を開始させた。慶安三年から三年を費やし、承応元年（一六五二）に幅七間（一二・六メートル）の新流路が完成した。現今「日吉切通《きりどお》し」と呼ばれる部分である。しかし、二年後の大雨で、また堤防が決壊した。原因は、切通しの幅が狭かったことにあった。彌兵衛は、切通しの拡幅を懇願するが、財政難を理由に工事の再開はなかった。彌兵衛の孫良刹《りょうせつ》は、藩の支援をあきらめ、私財を投じて切通しの拡幅を決意した。宝永三年（一七〇六）、五十六歳の時であった。以来四十二年間、自らも鑿《のみ》と槌《つち》を握る苦闘により、切通しの拡幅を完成させた。良刹の死後、周藤家の六代目兵蔵も切通しの開鑿に努めた。周藤家三代の偉業であった。

「日吉切通し」
黒実線は家正、白破線は良刹の時代に開鑿した部分、白実線は兵蔵の時に完成させた部分、黒破線はもとの高さ

十七世紀後半における、松江藩の農政推進の中心的人物に岸崎《きしざき》左《さ》久《きゅう》次《じ》時照《ときてる》がいる。父は、若狭出身の人で京極氏に従って松江へ来たが、京極氏の転封後は松平氏に仕えた。正保三年、左久次は父の死によって跡を継いでいる。

万治元年（一六五八）、左久次は郷方役に取り立てられ、松江藩の新しい税法制定に取り組むことになる。寛文二年（一六六二）に『免法記《めんぽうき》★』、天和二年（一六八二）に『田法記《でんぽうき》★』を著した。松江藩の二大農政書である。

松江藩の検地が盛んに行われたのは、寛文期（一六六一～七三）で、それより後は、必要な修正を加えた「順帳《じゅんちょう》」や「摺合帳《すりあわせちょう》」に引き継がれた。しかし、時代と共に増える田畑面積や生産性の向上と、徴税台帳との乖離《かいり》は次第に大きくなったという。

岸崎は、寛文六年に地方役に昇進、延宝七年（一六七九）には神門郡奉行に昇進した。農政のみならず、土木事業の指揮もする多才な人物であった。職務上藩内をくまなく歩きまわり、諸事情や地勢なども知り尽くしていた。その豊富な知識を基に、和銅六年（七一三）に編纂が始まった『出雲国《いずものくに》風土記《ふどき》』の解説書『出雲国風土記鈔《しょう》』を著したことがよく知られている。この『出雲国風土記鈔』は、現在の『出雲国風土記』研究の基礎となっていることを付け加えておく。

▼『免法記』
徴租法が詳しく記されている。等級を二一段階に査定し、税率を決める精緻なもので、かつ煩瑣（はんさ）なものである。

▼『田法記』
検地など田制について細かく記した書。

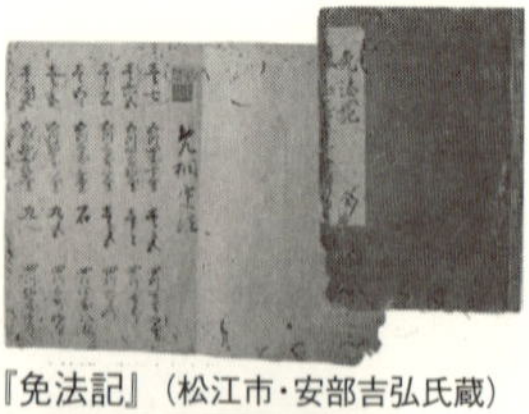
『免法記』（松江市・安部吉弘氏蔵）

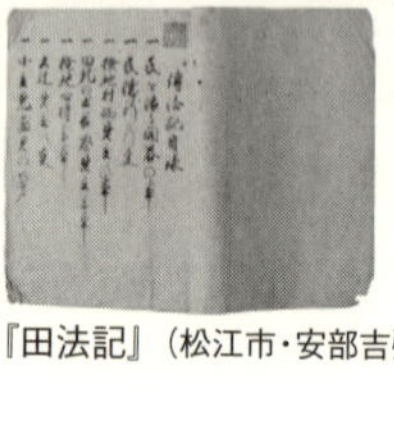
『田法記』（松江市・安部吉弘氏蔵）

岸崎佐久次の墓
（松江市・万寿寺）

江戸での生活と直政の死

三代将軍家光の時、参勤交代《さんきんこうたい》★の制度が確立し、江戸には、多くの大名屋敷が置かれた。「藩邸《はんてい》」と呼ばれることが多い。上《かみ》屋敷、中《なか》屋敷、下《しも》屋敷に分けられている。

上屋敷は、大名自身が妻子と共に住む本邸であり、政務の場でもある。江戸城に最も近い位置に置かれ、敷地は幕府から拝《はい》領《りょう》していた。敷地内に役所の建物や江戸詰め藩士らの長屋があった。中屋敷は、上屋敷が火災などにより使用不能になった場合の予備屋敷として置かれていた。通常は、世子《せいし》や隠居《いんきょ》した藩主の居宅にも用いられた。下屋敷は、郊外に置かれた別邸で、藩主の遊興《ゆうきょう》・保養のための庭園が造られたりした。上屋敷などで必要とする物を生産する施設を置いた例もある。

松江藩上屋敷跡
現・衆議院議長公邸（右）、参議院議長公邸（左）

▼参勤交代
参勤とは、大名が一定期間江戸に出仕すること。交代とは、領地につくこと。関ヶ原の戦後、外様大名の江戸参勤が増加した。家康は、参勤する大名に屋敷地を与えて妻子を居住させることを勧めた。その一方、鷹狩りと称して参勤する大名を出迎える配慮を示したという。寛永十二年（一六三五）に制度化し、同十九年には譜代大名にも参勤を義務づけた。参勤交代による大名の出費は大きく、大名統制上の狙いもあった。

松江藩上屋敷、名残りの井戸枠
（衆議院議長公邸敷地内）

「徳川家康」の刻印
徳川家康が駿河城で使っていたものを直政が拝領したと伝えられている
（衆議院議長公邸敷地内）

松江藩松平家の場合、上屋敷として「赤坂館《かん》」（現・千代田区永田町）がある。赤坂御門内に置かれ、幕末まで存在した。中屋敷としては「山手館」（現・千代田区平河町）、「青山館」（現・港区赤坂）が知られている。直政の領国は、越前大野藩、信濃松本藩、松江藩と移っているが、「山手館」はその間、通して拝領している。藩ではなく、松平家が拝領したのであった。しかし、寛文年間（一六六一～七三）以降の江戸絵図から「山手館」は消えている。「青山館」は、延宝年間（一六七三～八一）の絵図に描かれたのが初見である。「山手館」の代わりに置かれたのかもしれない。「青山館」は、幕末まで存続したと思われる。「山手館」は、最初上屋敷として存在した可能性も指摘されている。下屋敷は、時期によって異なるが、数カ所存在した。下屋敷については、後の藩主の項でも触れる。

『雲陽秘事記《うんようひじき》』★や松江藩の儒学者桃節山《ももせつざん》が著した直政の一代記『藩祖御事蹟《はんそごじせき》』には次のようなことが書かれている。

江戸城でのこと、辰《たつ》の刻《こく》★に揃うはずであったが巳《み》の刻★頃に直政が登城してきた。老中たちがその理由を問いただしたところ、「今朝辰の刻前に出て、井伊掃部頭《いいかもんのかみ》直孝の屋敷の長屋下を通りかかった時、窓より小便をたれかけられ、駕籠《かご》の内に入って装束《しょうぞく》を汚されたので、いったん帰って着替えて登城しましたゆえ遅刻しました」と答えた。掃部頭はこれを聞いて、「私の屋敷には窓が一つもありません」と言い、すぐに殿中より使いをたて「出羽守（直政）が下城するまでに、長

▼『雲陽秘事記』
藩主と周辺の人々に関する逸話（いつわ）が中心で、初代直政から六代宗衍（むねのぶ）までの約百五十年間のことが書かれている。著者、成立年代は不明である。登場人物は実名であるが、かなりフィクションが取り入れられ、すべて写本として伝えられているため、歴史書ではなく、実録（実録体小説）として捉えられている。しかし、当時の様相や雰囲気を伝えていると考えられ、実録だからといって安易に捨てきれない。

▼辰の刻
午前八時。

▼巳の刻
午前十時。

屋の窓を残らず塞《ふさ》いでおけ」と指示した。そのため、直政が下城の時は窓が一つもなくなっていた。こういうことで、こののちは井伊家の長屋には窓がなかった。なぜこんなことになったかというと、直政が出雲国拝領の時、大老掃部頭の態度に不満があったためと考えられている。

掃部頭が死去した時、嫡子《ちゃくし》は幼少であった。大名家の代替わりに当たり、跡取りが幼少である場合、半知《はんち》（領地を半分にする）とされる可能性が高く、家中一同が心配していた。家督相続に当たって、直政が取り次ぎ役となることを聞いて、一層のこと半知になると嘆いていたところが、直政のとりなしによって三十五万石をそのまま相続できたので、井伊方の喜びは大変なものであった。そのお礼として、松平家近火の場合、小荷駄《こにだ》馬三〇疋を貸すことになったという。

ある時、将軍家の碁《ご》将棋《しょうぎ》上覧《じょうらん》があって、直政にも見物するよう案内があった。しかし、直政は気が向かなかったので、「私は、碁将棋を好まず知りませんから失礼します。昔から、鷹と馬を好み、これは大変面白く思っています」と正直に言った。上覧が終わってから、将軍は直政を呼び出し、直々に「鷹狩りのこと聞き届けた。江戸の近くに鷹場を遣わし、鷹も遣わす」との上意があり、上総国姉崎（現・千葉県市原市）の地に鷹場を与えた。直政の武に対する心構えを褒めたものである。

寛文六年（一六六六）二月三日初更《しょこう》（午後七〜九時）、江戸赤坂の上屋敷で、直

直政の下屋敷跡に出雲大社から勧請された宮
（現・杵築大社）
（東京都武蔵野市）

政が死去した。直政は、「自分には、よい跡取りができ、思い残すことはなく、遺言することもない」と言っていたが、虫の知らせがあったのかもしれない。死の前のある日には、ふと栗毛《くりげ》の愛馬に鞍《くら》を置かせ「自分はこの馬に乗って冥土《めいど》へいく」と言い、馬に冥土栗毛と名づけたり、一族や旧知の者を招いて、しみじみと懐旧談《かいきゅうだん》に耽《ふけ》ったりしたこともあった。母月照院の死から十八年後の冥土への旅立ちであった。六十六歳であった。将軍家に伝えたところ、家綱は大変悲しみ、老中久世《くぜ》大和守広之《ひろゆき》を弔いに向かわせ、白銀三〇〇枚を下賜した。

夫人は剃髪し、慶泰《けいたい》院と称した。直政の遺命により、霊柩《れいきゅう》を松江へ送るため二月七日に江戸を出発した。家老《かろう》有澤織部直玄《ありさわおりべなおはる》が随った。三月一日松江に着いた。生前に決めておいた地で葬儀が行われた。寛文四年、松江城の西に母月照院の霊《れい》牌《はい》を安置する寺院を建立し、その寺号を月照寺としていた。

竹島の記録

寛文七年（一六六七）、松江藩士が書いたとされる地誌『隠州視聴合記《いんしゅうしちょうがっき》』に竹島の記事が見える。「隠岐から二日一夜で、松島（現・竹島）、さらに一日で竹島（現・鬱陵島《うつりょう》、俗に磯竹島といい竹・魚・アシカが多い）がある。二島は無人島」とある。この約五十年前から、隣国米子から漁労や竹の伐採などに渡っていた。

松平直政墓所（松江市・月照寺）

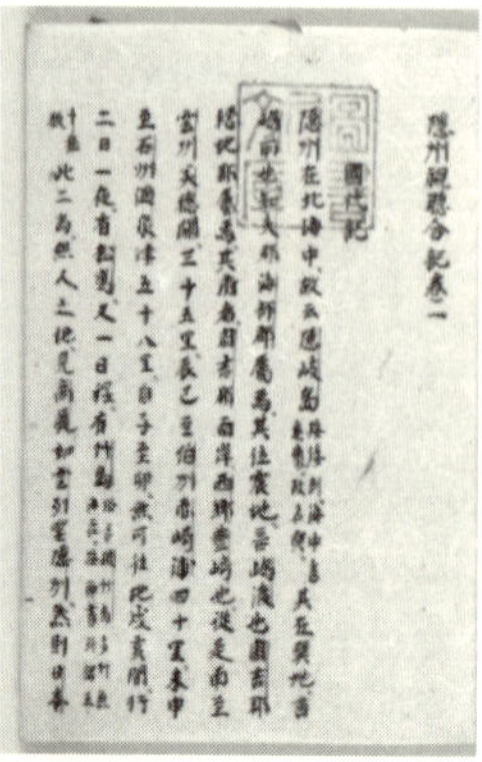
隠州視聴合記巻一

『隠州視聴合記』（国立公文書館蔵）

◆2 松平家二代綱隆の治世

財政難のため、家臣の減禄・農民への増税・藩札発行による借金穴埋めの歴史が始まった。延宝二年の大水害で三の丸も浸水し、綱隆は城地替えを本気で考えたが、家老たちは反対した。それでも幕府に願いを出す寸前までいったが、綱隆本人の死去で立ち消えとなった。

財政の逼迫と対策

松平直政の長子綱隆《つなたか》は、寛文六年（一六六六）四月十一日に襲封した。『国令』によると、同年五月に町方に対して、勝負事禁止令を発し、九月には勝負事の取り締まりを厳重にするよう命じた。さらに、同月に家中及び町方に潤色《じゅんしょく》五条（忠孝に励み法度《はっと》を守ること他）を発令している。

『雲陽大数録』によると、寛文十二年の御成稼《おなりか》（年貢による歳入）三十万八千五百余俵のうち、米での支払いを済ますと、二万六三〇俵不足とある。一俵＝銀二〇匁として換算すると銀四一二貫六〇〇匁の不足となる。同年の銀貨による収入となる大根島《だいこんしま》★の銀納・小物成《こものなり》★銀・紙運上《うんじょう》★銀・鉄売上銀《うりあげぎん》・その他を差し引き、銀支払いの諸雑費を合わせ計算すると、一七三〇貫五〇〇匁（八万六五二五俵）

松平綱隆肖像画（部分）
（松江市・月照寺蔵）

▼**大根島**
宍道湖の東の中海（なかうみ）に浮かぶ小さい火山島二島からなる。畑作と漁業が中心。

▼**小物成**
山林・原野・川海の利用及び収穫物に対する税の総称。

▼**紙運上**
紙生産に対する税。

の欠損を生じることになる。また、同年の京・大坂・江戸の借金の利息分だけでも三六六貫七〇〇匁があった。

すでに直政の時代から、財政は逼迫《ひっぱく》していたのである。

こうした事態から脱するために繰り返し行われたのは、家臣の減禄と農民に対する増税であった。その上に、延宝三年（一六七五）から藩札《はんさつ》発行によって借金等の穴埋めが行われるようになった。前年や前々年は、次項で述べるように火災や大水害のあった年で、まさに藩札発行はその結果であった。

五月から藩札を発行したが、なかなか通用しなかった。秋頃、役人を郡部に派遣して銀と引き替えさせたので次第に通用するようになった。翌年には、早くも贋《にせ》藩札が出回ったので、藩は訴人《そにん》者に褒美《ほうび》銀一〇〇枚を与えることを約束し、犯罪者の家主をはじめ五人組にも連座《れんざ》させることとし、札紙・版木・絵の具を所有する者を密告すれば、褒美銀五〇枚を与えると発表した。

全国的には、松江藩の宗家である越前国福井藩松平家の藩札発行（寛文元年）が最も早く、同十年の備前国池田氏が二番目で、三番目が松江藩であったという。

綱隆が襲封した時、弟近栄《ちかよし》に広瀬《ひろせ》藩（現・安来市広瀬町）三万石を、三弟隆政《たかまさ》に母里《もり》藩（現・安来市伯太《はくた》町）一万石を分封《ぶんぽう》することを幕府に願い許された。以後、両藩は幕末まで続くことになる。

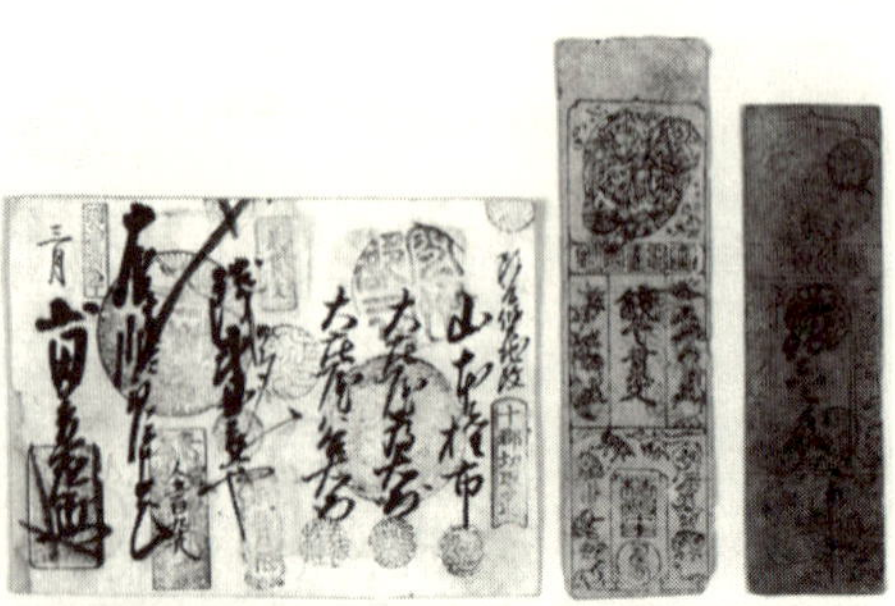

松江藩の発行した藩札（幕末のもの）
（松江市蔵）

二度の大火と大水害

寛文十三年（一六七三）六月十五日、白潟《しらかた》で大火が発生した。白潟は、大橋★の南側、宍道湖寄りの一帯にあたる。九月二十一日、この日改元があり延宝元年となった。ちょうどこの夜、また白潟を火元として火災が発生し、隣接《りんせつ》する寺町《てらまち》や和田見《わだみ》も類焼した。多くの寺や藩の新蔵などが焼けてなくなった。

延宝二年（一六七四）六月二十五日、大火に追いうちをかけるように集中豪雨が出雲地方を襲《おそ》い、宍道湖や堀川が増水して決壊《けっかい》寸前となった。翌二十六日、ついに城下が浸水した。二十七日、水位がますます高くなり、荒隈《あらわい》（西側郊外に当たり、本書掲載の絵図から外れる）の土手で溢れた。桃節山《ももせつざん》が著した史書『出雲私史』に、綱隆は自ら船に乗って城の外を二度巡視したとある。者頭《ものがしら》に荒隈の土手と大橋を守らせ、当直の番士以外の登城を免除した。二十八日、大橋は半分落ち、天神橋（宍道湖から東流する南側の川に架かる）は流失してしまった。家臣は、船に乗り高台の領地や社寺に避難した。庶民で船をもつ者は、罹災者《りさいしゃ》の救助に当たった。二階で呆然《ぼうぜん》としている者、救助船を待って柱を抱き泳《だ》いでいる者など、目も当てられない惨憺《さんたん》たる状況であった。綱隆は、船奉行《ふなぶぎょう》と目付《めつけ》に命じ船を出し、二百八十余人を北郭の長屋に収容し、応急の処置をした。七月二日にな

▼大橋
宍道湖から東流する北側の川に架かる。

って平時の水位に戻った。

　幕府への報告書には、害穀七万四千二百三十石、漂家一千四百五十余戸、湖堤・川堤、石壁、水柵の崩壊九万八二三歩、溺死《できし》男女二二九人、牛馬一〇三頭とある。この時の死者は、松江では一人もなく郡部のみであったという。そのうち出雲《しゅっとう》郡坂田村（現・簸川郡斐川町坂田）が最も被害が大きかった。神門郡野尻《のじり》村（現・出雲市野尻町）庄屋某と坂田村の某が、種々の方法で窮民を救った。これを知った綱隆は大変喜び、黄金一〇両を与えこれを賞したという。また、幕府に請うて米を越前・越後・周防・長門・播磨・伯耆・摂津の諸国に求めて飢民《きみん》を助けたとある。『国令』によると、大凶年であったので、酒法度《はっと》を定め造酒を禁じ、奢侈《しゃし》を戒め、倹約を守らせた。藩士には給知三歩の減禄を行った。

　延宝三年は、参勤の年であったが、幕府はその状況を察しこれを免除している。災害に見舞われた藩主・綱隆は九年間治世し、延宝三年、四十四歳で世を去った。

跡を継いだ綱近が建立した松平綱隆廟所（松江市・月照寺）

③ 祖先を敬い、松江を愛した綱近

有能な技術者に恵まれ、川普請や農地開拓に努め、産業発展の基礎をつくった綱近。泰平の世ゆえか、気風が乱れ、家臣の間に争いが起こり、処罰せざるを得なくなった。晩年は眼病を患い、弟吉透に藩主の座を譲ったが、吉透はすぐに没した。

領国の統治に励んだ殿様

延宝三年（一六七五）五月三十一日、綱近《つなちか》は襲封し、松平家三代藩主となった。家督を継ぐまで江戸にいた綱近は、歴代藩主中で最も松江を愛した殿様といえる。欠かさず隔年で参勤交代を行い、一五回松江へ帰国している。他の藩主は隠居後を江戸で暮らすことが多いが、綱近は亡くなるまでの五年間を松江で暮らした。

藩主になると、まず月照寺に先代綱隆（宝山院）の廟所《びょうしょ》をつくり、翌年に廟《びょう》門《もん》の建造を行った。廟門の棟札《むねふだ》に、「延宝四年丙辰四月朔日★」とある。続いて、初代直政（高真院）の廟門建造にとりかかり、三年後に完成させている。

高真院廟門の修復に当たり、屋根に葺かれた銅板を取りはずしたところ、墨書のある用材が発見された。そのうちの一つに、

▼**延宝四年丙辰四月朔日**
一六七六年四月一日。丙辰は「ひのえたつ」、朔日は「さくじつ、ついたち」。

延宝七歳　棟梁田鹿弥兵衛
　己未八月朔日

と書かれていた。廟門の建てられた時期を示すと考えられる。さらに、時期を示す墨書が別の位置にあった。

月（照）□寺御門立　□□《(生国カ)》雲州松江
　延宝七年　百性《(姓)》町住人大工
　未八月吉日　石橋弥五兵衛（花押）

と記されていた。★百姓町《ひゃくしょうまち》（現・松江市外中原町）は、江戸時代の町名で、築城当時に百姓を住まわせたことによる。月照寺の東隣に当たる。これらの墨書から、寺の建立に当たった棟梁や大工の名前まで明らかになった。他に「大工吉三郎」、「清右衛門」の名前が書かれた用材もあった。

棟札《むねふだ》・墨書の発見により、宝山院廟所や高真院廟門の建造が綱近の命であったことが明らかになった。

松江藩の大工組織について書かれた「御作事御役人帳」の天和三年（一六八三）の条には、「月照寺大繕」とある。高真院廟門建造の四年後に、月照寺の大修理が行われている。綱近による菩提寺整備の一環として行われたのであろう。

初代直政から三代綱近までの墓は、月照寺にしかない。四代吉透《よしとお》以降の墓は江戸の天徳寺（現・東京都港区）に本墓を置き、月照寺には支墓が設けられた。天徳

▼「松江月照寺の高真院廟門と町大工」（『季刊文化財119号』）による。

直政（高真院）の廟門（松江市・月照寺）

寺は、大正十二年（一九二三）の関東大震災によって壊滅的な被害を受け、七代治郷《はるさと》の墓は護国寺（現・東京都文京区）へ、他は月照寺へ移されたという。

綱近は、家督を継いで間もない七月十六日、直政が将軍から与えられた、上総国姉崎の鷹場を幕府へ返上した。幕府から預かっている隠岐も返上した（死後、再び預かり地となる）。出雲国に限定して、領国の統治に励んだのである。

開拓と殖産

『出雲私史』によると、延宝五年（一六七七）七月、城の東北に当たる低地での排水工事が行われた。新町（位置不明）といい、数百戸あったが、湿地でしばしば水害に苦しむので、町を移して川を掘り小さい橋を架けたので住民は大変喜んだ。

『雲陽大数録』によると、延宝六年から寛延三年（一七五〇）にかけて、荒木浜《あらきはま》（現・出雲市大社町）の開発に努めた。人工砂丘をつくり、松林の植林や入植・開墾が行われた。神門郡西園村《にしぞの》（現・出雲市西園町と長浜町）から五五〇戸が移住し、開発の基礎がかたまった。

神門郡《かんど》上古志村《かみこし》（現・出雲市古志町と塩冶町《えんや》南町）に大梶七兵衛《おおかじしちべえ》という水利に明

大梶七兵衛銅像
（出雲市大社町中荒木、写真提供　出雲市観光交流推進課）

るい人物がいた。

神西湖《じんざいこ》（現・出雲市湖陵《こりょう》町、東神西町、西神西町）と日本海との間に砂丘があり、神西湖からの排水が悪いため、大雨のたびに周辺は洪水に脅かされてきた。在地の藤崎五右衛門が、私財を投じて神西湖から排水のための川を掘ろうとしたが失敗し、大梶七兵衛に相談した。その結果、七兵衛が中心となり、松江藩直営事業として工事を行い、貞享三年（一六八六）に差海川《さしみがわ》が完成した。良田三八〇町歩（三七七ヘクタール）ができた。長さは一・四キロメートル、幅は当初六間（一〇・八メートル）である。この藩直営工事の指揮者は岸崎左久次《きしざきさきゅうじ》であった。

大梶七兵衛の設計により、松江藩の直営で高瀬川《たかせがわ》普請が行われた。神門郡大津《おおつ》村（現・出雲市大津町）の来原《くりはら》から斐伊川の水を取り入れ、★河川による年貢米の輸送を扱う松江藩の荒木川方《かわかた》役所（現・出雲市大社町）まで全長一・一四キロメートルの疎水である。主な目的は、荒木浜への導水であった。延宝二年から始まって貞享四年に完成した。当時、流域一三カ村と下流新田三カ村の用水となった。

享保五年（一七二〇）になってから、藩の大坂登《のぼ》せ米《まい》の輸送水路となった。

第一章の「忠晴の治世とその生涯」の項で古志堤《こしつつみ》の拡張について述べたが、その古志原地区での開墾も奨励した。のちに薬用人参の一大生産地となった。

貞享三年十一月十日、宍道湖南北沿岸の灘《なだ》付近、中海沿岸の山々で松・杉・檜の植林をし、その他の地で漆・桑・茶等の栽培を進めるための指示をした。

▼前述した只谷間府の取水口と同一。

大坂登せ米の輸送水路となった高瀬川。十八世紀半ば以降成立と考えられる『出雲鍬』所収（松江市教育委員会提供）

松江に流された荻田親子

延宝七年（一六七九）、越後国高田藩松平家で「越後騒動《えちごそうどう》」と呼ばれるお家騒動が起こった。

詳細は本シリーズ『高田藩』に譲るが、藩政を仕切った小栗美作《おぐりみまさか》と、彼に反対する永見《ながみ》大蔵《おおくら》長良《ながよし》（藩主松平光長《みつなが》の異母弟）及び家老荻田主馬《おぎたしゅめ》がこの騒動の中心人物であった。国元や江戸屋敷での騒動が続いた。

藩主光長と三河守綱国《みかわのかみつなくに》（光長や大蔵の甥で、光長の養子）父子が中心となって、収拾をはかろうとした。それに、一門の松平大和守直矩《やまとのかみなおのり》（姫路藩主）・松平上野介近栄《こうずけのすけちかよし》（広瀬藩主）・伊達《だて》遠江守《とおとうみのかみ》宗利《むねとし》（宇和島藩主）らや、大目付渡辺《わたなべ》大隅守綱貞《おおすみのかみつなさだ》、大老酒井《さかい》雅楽頭《うたのかみ》忠清《ただきよ》や久世大和守広之《やまとのかみひろゆき》らが事態収拾に当たった。その結果、延宝七年十月十九日に次のような幕府の裁定が下った。

永見大蔵　萩城主松平（毛利）大膳太夫綱広へ預け
荻田主馬　松江城主松平出羽守綱近へ預け
片山外記　宇和島城主伊達遠江守宗利へ預け
中根長左衛門　福井城主松平越前守綱昌へ預け
渡辺九十郎　姫路城主松平大和守直矩へ預け

しかし、永見・荻田派に対する処罰のみであったため、混乱は収拾されず、かえって後に尾を引くことになった。

再び幕府による吟味が行われることになった。すでに一門に預けられていた五名は、天和元年（一六八一）一月に江戸へ召還され、本格的な審理が始まった。主馬らが、松江に居たのは一年二カ月少々であった。酒井雅楽頭を嫌った五代将軍徳川綱吉《つなよし》が、同年六月二十一日に光長の家臣らに対して「於御前対決」、すなわち将軍による親裁を行い、翌二十二日に「御仕置被仰出候」とその処分内容を示し、その後、日を追って残りの処分を発表した。二十二日の処分内容は、一〇名に対するものであった。美作と子の掃部《かもん》はともに切腹、長良（五十歳）・主馬（四十四歳）は八丈島へ配流となった。喧嘩両成敗の形となっている。

さらに、高田藩主光長が松山藩へ、綱国が福山藩へ預け、大和守直矩が閉門、大目付渡辺大隅守が八丈島に配流されるなど、一門や、最初の裁定に関与した人物も処分を受けているのが一つの特徴となっている。

ところが、当地方に伝わる話はちょっと違う。『松江市誌』に、「荻田父子は松江に謫《なが》されたが後吉透の時宝永元年六月に至つて民部粂之助は許された」とある。これによると、主馬は没するまで松江にあり、民部と粂之助（市誌執筆者は二人としている）は宝永元年（一七〇四）に解放されたことになる。綱吉の親裁が抜けているのである。吉永昭二氏の著書『御家騒動の研究』によると、七月四日の処分発表では主馬の子・民部が預けとなっている。市誌には記述の典拠が明示されていないので詳細は不明である。原典に当たらない地元研究者の間にも混乱が生じているようだ。

「松平家二ノ丸内米倉及荻田屋敷之図」に、「荻田主馬屋敷跡」の書き込みと荻田長屋二棟がみえる。江戸時代末期に小笠昌策が著した『出雲栞《いずもしおり》』に載るもので、それを中村栄智が明治三十四年頃に写したものである。元の図は天保年間（一八三〇～四四）以降に描かれたと考えられている。この荻田屋敷跡は、大手門（南惣門）を入って直進した所の二の丸下の段に当たる。広大な敷地で、もともと米蔵が置かれた所であるが、米倉の北側隣接地に荻田屋敷が建てられていたことになる。高田藩で、お家騒動の起こった時から、少なくとも百五十年経った時期に描かれた絵図にあるということは、何を意味するのであろうか。荻田屋敷があったとされる部分の発掘調査は行われていない。詳細は不明である。

この事件に直接関係した広瀬藩主近栄は閉門となり、三万石から飯石《いいし》郡の一万五千石を割かれ一万五千石と半知になったが、間もなく復旧した。

家臣の争い

家老村松《むらまつ》将監《しょうげん》隆次《たかつぐ》は権力を握り、わがままであった。そのため、大番頭《おおばんがしら》佐《さ》藤《とう》

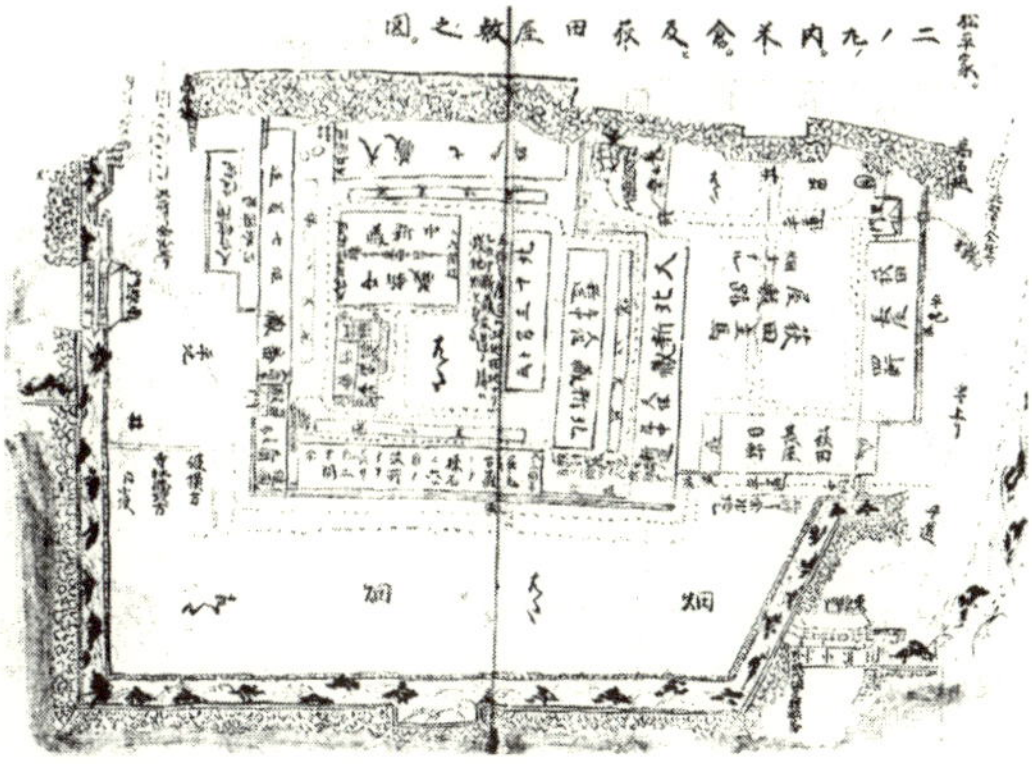

荻田主馬屋敷跡
（『島根県文化財調査報告第十集』より転載）

平兵衛《へいべえ》は村松を不快に思い、常に争っていた。ある時、両家の犬が喧嘩して村松の犬が傷つけられた。村松は怒って、人を遣わして「二度とこのようなことが起こらないように、その犬を遠く放逐するよう」伝えた。平兵衛は、犬の首を取って村松へ送り「犬は生き物であるから、遠くへ放っても帰ってくるので、こうした」と返した。

またある時、村松家へ藩主綱近のお成りがあった。村松は、前から平兵衛の屋敷によい松があることに目をつけていたので、この時を幸いにその松を所望した。平兵衛は、これを承知して、松の木を根本から切ってこれを村松へ送った。かねて村松のわがままを憎んでいたのでこういうことになった。延宝八年（一六八〇）、平兵衛は罪に問われ仁多郡へ追放された。それほどの罪ではないのに、村松が間に入って大きくしたといわれる。平兵衛の父が大坂冬・夏の陣に従って功があったので、罪一等を許され扶持米《ふちまい》を賜ったが、平兵衛はこれを受けず臣籍の取り除きを願い、許された。ところが、放縦が甚だしかったようで、貞享元年（一六八四）二月九日、平兵衛とその子三人は横田（現・仁多郡奥出雲町横田）で捕らえられ、松江に送られ、十二日父子ともに死を命ぜられたという。大した事でもないのに、村松が太守・綱近に対して大げさに讒言《ざんげん》したため、平兵衛父子四人の切腹となったという。

元禄二年（一六八九）二月二十一日、村松将監静賢《しずかた》（隆次の弟）と平賀縫殿隆《ひらがぬいどのたか》

寛《ひろ》は暇を出され追放された。この二人は、日頃から争っていた。隆寛が静賢の父祖の旧悪を暴いて訴えたので、綱近が喧嘩両成敗を行ったのである。

静賢は国外に追われ、京都に住み祐心《ゆうしん》と号した。

隆寛は、島根郡本庄村（現・松江市本庄町）に蟄居《ちっきょ》したが、家宅の普請料にと銀一〇〇枚を賜り、年々一〇〇人扶持を給せられた。そして宝永三年（一七〇六）十一月に没した。

隆寛の父半助は寛永十五年（一六三八）、松江で直政に召し抱えられ祐筆《ゆうひつ》となった。その娘は、美貌で綱隆が妾としたが御国御前《おくにごぜん》と呼ばれ次期藩主吉透の生母となった。能書《のうしょ》の聞こえが高かった人である。隆寛は、このような環境で出世し二千石を与えられ、綱隆の一字をもらったくらいであったが、晩年、村松氏に退けられた。

村松氏は、初代内膳直賢《ないぜんなおかた》が越前で召し抱えられてから功を立て出世した。寛文四年（一六六四）に、六千石を与えられ足軽二〇人を付けられている。直賢の子民部は、綱隆の一字をもらい隆次と名乗った。前出の隆次である。静賢は、貞享二年（一六八五）兄隆次の跡を継いだ。個人宅に伝わったという秘録（存否は不明）に、村松氏について、次のような話がある。

「隆次は奢侈《しゃし》が強く、非道わがままが多い。大橋茂右衛門と確執《かくしつ》があったし、佐藤平兵衛には己の遺根を押し付けて死罪にし、そればかりか幼児までも死罪と

圓流寺（『出雲鍬』所収）（松江市教育委員会提供）

村松氏菩提所（「村松山内善禅寺募縁起」部分）（島根県立古代出雲歴史博物館蔵）

した。自分の山荘の菩提所を圓流寺《えんりゅうじ》（堀尾忠晴が、東照宮を祀ってその別当寺として造営した）より華美にし、あれこれ奢侈になったという。また、延宝二年の洪水の後、水はけや川違《かわたが》いについての論争が平賀縫殿隆寛との間に起こって以来、家中が隆次（あるいは静賢か）を恨み憎んで、下々が治まらない様子が上に聞こえ、暇が与えられたという」

江戸時代に入って半世紀以上も過ぎると、戦時と異なり対外的な緊迫感がなくなって、武士も利己的になることが多かったのであろうか。他愛のないことから発したいさかいが目立つようである。

綱近の引退と吉透、宣維の襲封

綱隆の末年には、大水害に見舞われ藩は苦しんだが、綱近の代にも災害が相次いだ。延宝八年（一六八〇）の時は、不作で飢える人々三万八千五百九十余人を救ったが、この年は凶作が続いて藩の米が足りなくなった。貞享三年（一六八六）五月二十日には、番頭《ばんがしら》以下の役人を集めて救済方法について話し合わせ、翌年から五年間を限って家臣の給禄を半分にする「減禄半知」にした。

同年八月三日から六日の大風雨で、年貢二万余石の減収となった。一年過ぎて、貞享五年（一六八八）六月三日から十九日までの長雨で、また洪水となった。年貢四万二千余石の減収となった。二回の洪水とも、民家や堤防の倒壊・破損がおびただしかった。

元禄二年（一六八九）には、五月十二日と六月五日、六日の洪水で、二万余石の減収となった。

同十五年六月二十七日より降り出した大雨は七月二日になってようやく止んだ。宍道湖の増水六尺（一・八メートル）で、地上三〜四尺（〇・九〜一・二メートル）の高さまで氾濫した所もあった。三千三百六十余人に食を給した。

八月二十七日、再び大風雨となり、斐伊川も溢れ武志《たけし》堤（現・出雲市武志）が決壊し、平地に五〜八尺（一・五〜二・四メートル）の高さまで氾濫した所もあった。綱近は、自ら船で巡視し、家臣たちも方々を回り、被災民の救助に努めた。閏《うるう》八月三日になって、雨風はおさまって水がようやく退いた。溺死者五〇人、溺死牛馬一六頭、漂流家屋四一五七戸であった。城の石垣も崩れ、その他堤防等の損壊も甚大であった。八万四千二百石の減収で、延宝二年の洪水に匹敵する大損害となった。

その後、綱近は、眼病を患い、弟吉透《よしとお》を養子にすることを幕府に願い、宝永元年（一七〇四）二月九日に許された。吉透は同年五月晦日《みそか》に襲封して、松平家四代藩主となり、出羽守に叙任された。

綱近は、引退してから外記《げき》と称し、城内北の丸の吉透が住んでいた御殿に移った。眼病の治療に当たったが、ついに失明した。

『続諸家深秘録』に、綱近について、次のような話が記されている。

「牡丹花を好み居間の庭には種々の牡丹を植えさせ、花の頃には、一日庭へ出て牡丹を愛でていらっしゃった。しかし、隠居後眼病は勝れずついに両眼失明され、牡丹の花を見ることができなくなった。牡丹の頃には、花を取り寄せられ、その美しさを探りその香りをかぎ、善悪の批判をして楽しまれていること、痛ましいありさまである。側に召した十一歳の小坊主があった。ある時、親が秘蔵している小脇指《わきざし》を盗み出して、右の目に突きたてた。両親が飛んできて刀を取り上げ、訳を尋ねた。少年は『乱心ではありません。私は殿様のお側にいます。殿様は、ご両眼とも見えなく、牡丹の花を見ることがかなわないで、ようやく花の香りをかぎ慰みたまいます。これを見て忍びかね、私の目を刳りだし、殿様へ差し上げ、牡丹の花を自由にご覧いただきたい』と答えた。人々は、感極まり、少年の心優しいこと、といった。綱近、ひそかにこれを聞いて落涙されたという」

綱近は引退の翌年、藩儒黒澤弘忠の長子三右衛門長顕《ながあき》及び斎藤彦右衛門豊仙の二人に命じて、国中の寺社と古跡を書き集めさせた。途中で長顕は江戸勤番を命ぜられ、豊仙一人の仕事となった。しかし、綱近が死去したので中止となり、五代藩主宣維《のぶずみ》の時、黒澤長尚《ながなお》に命じて完成させた。『雲陽誌』と名づけられた。

松平綱近墓所（松江市・月照寺）

吉透は、襲封後参勤するが、翌年九月、江戸にて病死した。吉透の二男宣維が松平家五代藩主を襲封した。

松平家系図
徳川家康
信康
結城秀康
越前宰相
秀忠
二代将軍
初代
松平直政《なおまさ》
信州松本より移封
二代
綱隆《つなたか》
三代
綱近《つなちか》
四代
吉透《よしとお》
五代
宣維《のぶずみ》
六代
宗衍《むねのぶ》
七代
治郷《はるさと》
八代
斉恒《なりつね》
九代
斉貴《なりたけ》
改名
斉斎《なりよし》
十代
定安《さだやす》

松平家家紋
丸に三つ葵

④

藩の台所事情と世情

町人も祝した岩姫降嫁——土産の擬宝珠が松江の橋につけられた最初であった。
日本海に異国船が出没し、藩の緊張は高まり、何とか追い払うことができた。
正井宗味の妻と池田文治の密通事件は、近松門左衛門らの作品の材料となった。

財政難で婚儀を延期した宣維

貞享四年（一六八七）の「減禄半知」から元禄頃は、家中の生活が最も逼迫していた。

当時、泰平の世が続き、贅沢《ぜいたく》に流れ文弱の弊《へい》があるとして、貞享三年六月及び七月に奢侈《しゃし》禁止令を出し、衣食住の倹約を説いている。「宇治茶詰之儀停止ノ事」、「他国ヨリ酒肴菓子等取寄之儀無用タルベキ事但鰹節ハ制外ノ事」など日常生活の細かいことまで規制や禁止をしている。また、この頃に出された諸触れには、「御勝手不如意★」の語を繰り返し、藩会計の収支を厳重に取り締まった。

藩士に対する俸禄（給禄）は、直政の時は知行宛行《あてがい》であったが、綱隆以降は蔵米支給となった。前者は、土地高で給することを指し、後者は、いったん年貢と

▼御勝手不如意
財政逼迫。

して集めた米（玄米）の支給を指す。

藩財政の悪化に伴ない、京都で銀主《ぎんしゅ》を求めて借り入れた。これを京銀才覚といった。減禄半知は、五年の期間が満ちたので元禄五年（一六九二）暮れに元に戻したが、藩財政は依然として苦しく、諸税を課した。しかし、元禄八年になっても家臣の困窮は続き、同年は作柄も悪く、上下共、生活が困難であった。その上に、元禄十年十月、江戸城北の丸御普請御手伝いの公役《くやく》があったので合力米の名目で増役米《ぞうえきまい》を課し、江戸仕送り高の増大に対しては、江戸での倹約を促した。元禄十五年の水害復旧に約三万俵を要したため、国内の米が減り、他国米で補う必要も生じ、大坂登せ米も停止した。江戸での諸費用は上方借銀で賄うとしても、臨時の費用は払う当てもないなど、藩の財政当局は大変な苦労を重ねた。宝永五年（一七〇八）にいたって京・大坂の借金返済をすでに十二年間滞らせていた。そこで、正徳四年（一七一四）に瀧川伝右衛門に御用方銀払いを命じ、対応させた。瀧川伝右衛門には、町方町人上座の待遇を与えた。

宣維は、初め秋田藩主佐竹義處《よしずみ》（処）の末娘順姫（幻体院）を娶《めと》ったが、八カ月後の享保六年（一七二一）五月に死去したので、将軍吉宗《よしむね》は、同年七月に伏見《ふしみの》宮邦良親王《みやくにながしんのう》の娘岩姫（天岳院）と結婚するよう勧めた。

しかし、宣維は、「今、国内では相次いで恐慌に見舞われ、費用を捻出することができません。しばらく婚期を遅らせたく思います」と陳謝した。

享保元年には松平家の菩提寺月照寺にも類焼する大火があり、同六年には北田町（現・松江市北田町）で普門院《ふもんいん》★から出火する火災があった。また、同年閏七月には数日間続いた大風雨で四万七千余石の減収・倒家一四四戸という被害、翌七年七月には大洪水で四万百六十九石余の減収という被害を受けた。

同九年十一月になってお輿入れがあった。岩姫降嫁の土産として、知行高一万石につき一個の割で、擬宝珠《ぎぼし》一八個の持参があり、松江大橋の欄干に一〇個、京橋の欄干に八個取り付けられたと伝えられる。今でこそ、橋の欄干の擬宝珠は珍しくないが、擬宝珠の鋳造《ちゅうぞう》に当たって許可が必要で、しかも親藩に限られ知行高一万石につき一個の割と決まっていたようである。

▼普門院
天台宗。堀尾吉晴創建、松平直政が川津から北田町に移転。

宣維治世下での事件

異国船の出没

享保二年（一七一七）四月二十四日、異国船が美保関《みほのせき》★に停泊した。翌二十五日に去り、五月二日にまた来て間もなく去り、十七日に楯縫《たてぬい》郡川下村《かわしも》（現・出雲市河下町）に来てまた去って、古津浦《こづ》（現・出雲市小津町）に向かった。そして六月十七日と二十二日にも来て三日間で去っている。

宣維は、このことを文書で幕府へ報告すると、「朝鮮人の来泊でない限り、何

▼美保関
島根半島の東端付近。現・松江市美保関町。

を請われても与えてはならない。もし、上陸する時はこれを捕らえて長崎奉行の指揮を受けよ」と指令された。

七月二十九日、また来て神門郡指海《さしみ》村に停泊し、八月三日楯縫郡十六島《うっぷるい》浦に移り十三日に去り、十九日美保関に行って二十一日に去った。翌三年二月、また十六島浦に来た。宣維は、何か魂胆のあることを察し、郡奉行に命じて備えを整えた。三月一日に去り、九日にまた美保関に来たので、兵を遣わし備えさせた。十三日、異国船は、弩《ど》★を撃ちながら陸に近づいた。そこで急いで兵備を整えた。

三月二十六日、幕府は異国船撃退を松江藩に命じた。

七月十一日、異国船が川下浦に停泊したので、急いで兵百余を配置した。家老有澤弌胤が大奉行、中老山口七郎右衛門が副将となり、騎者二十余人を番頭《ばんがしら》瀬《せ》田與右衛門《たよえもん》が、足軽四十余人を者頭《ものがしら》諏訪部兎毛《ともう》・雀部《ささべ》彦太郎が率いた。足軽隊は、猩々緋《しょうじょうひ》（黒味を帯びた鮮やかな深紅色）の鉄砲袋四〇を携え、錦の足軽羽織を装った四〇人であった。十三日未明、浜辺から発砲した。砲手内藤葉右衛門の発した弾丸が帆柱を貫き、帆を破った。このため、異国船は去った。

異国船は清国船で、反物《たんもの》・砂糖・菓子等を積んだ抜荷《ぬけに》（密貿易）船であった。

正井宗味の妻敵討

下級藩士たちによる詳細な業務日誌「御徒歩《おかち》一切事記」に、享保二年六月九日

▼弩
大弓のこと。

に小林幸左衛門が届けた文書の写しがある。
初めに「正井宗味《まさいむねちか》妻、私娘にて御座候」とある。娘は、昨夕実家へ行くと言って出たがそのまま行方をくらました。「池田文治と仔細これ有りと相見え、一所に立ち退き候」、つまり不義を犯して出奔《しゅっぽん》したので、幸左衛門の息子弥市が二人を追いかけて出かけたと報告している。翌十日付けの小林の届けに、正井宗味が妻敵討《めがたきうち》を遂げるよう、彼の後ろ盾として出ることを許されたいと願い出ている。しかし、役所の回答を待ちきれず出発してしまった。

池田文左衛門忠之は主君のため命を棄て、その子文治は父の功によって小姓となり、宣維に寵愛され、次第に驕慢《きょうまん》になり淫行放縦《いんこうほうじゅう》の生活をするようになった。茶道頭正井宗味の妻とよと通じ、八日に国元を出奔、二十三日には大坂に着いたという。

宗味は、七代藩主治郷に茶を指南した正井道有《どうゆう》の父にあたる。当時、宗味は江戸にいたが、帰国してこの事件を知り、その後の行方など調べようとしたが、埒があかず江戸へ戻った。宣維は、六月に宗味に対し士道を失ったとして改易し、諸国及び老中、若年寄等に仕えることを禁じた。その後、宗味は二十七日に江戸を出発し、七月十三日には大坂奉行所に断り、力を尽くして文治ととよ二人を捜し求めた。同道した弥市は、七月十七日になって、文治の宿を探り出し、二人を欺き、すぐに京都へ隠れるよう勧めた。高麗《こうらい》橋まで来るのを待って、宗味は二人

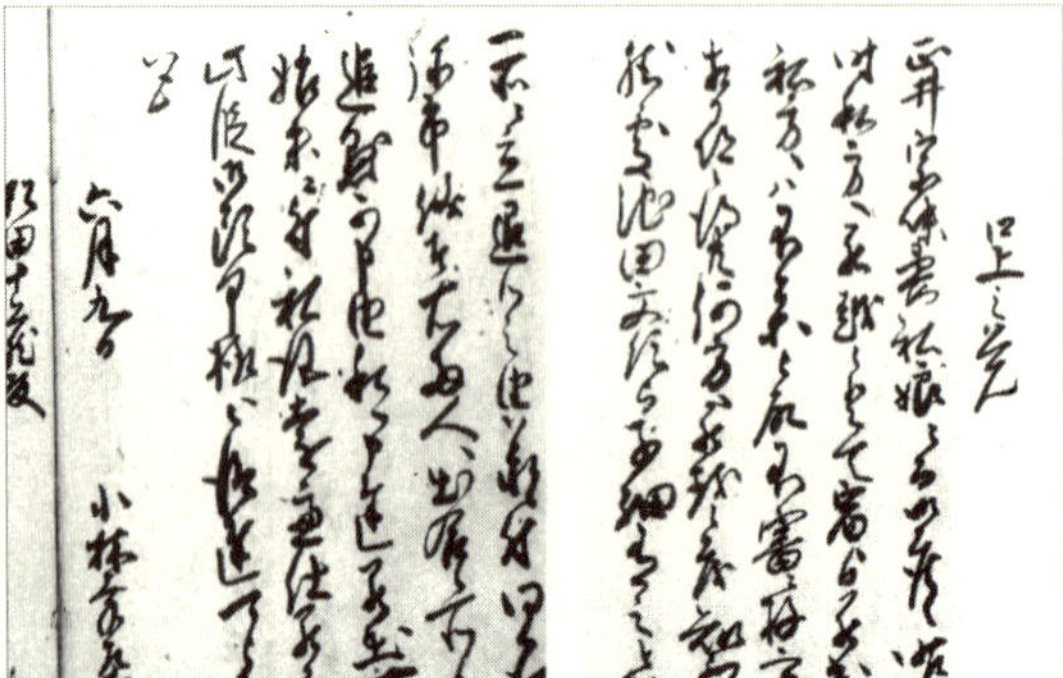

「御徒歩一切事記」
（島根県立図書館蔵）

を斬った。夜五ツ（午後八時）のことであった。

宗味は、八月四日に戻ることを許され、十二月十五日、茶道頭に復職した。

この話は、単純な密通事件であったが、当時の作家たちの想像力をかき立てたとみえ、『妻敵高麗茶碗』、『雲州松江の鱸《すずき》』、『乱脛《みだれはぎ》三本鑓《やり》』などの浮世草子《うきよぞうし》が書かれた。一方、近松門左衛門は、この事件をもとに人形浄瑠璃『鑓《やり》の権三《ごんざ》重帷子《かさねかたびら》』を書き、大坂竹本座で上演し評判となった。大幅な脚色を施している。

これも松江

たたら製鉄

日本列島で、伝統的に行われてきた製鉄技術を、たたら製鉄という。韓半島から伝わってきた技術と思われるが、その系譜は明らかでない。今のところ、六世紀後半には日本列島で鉄が作られていることが分かっている。当初は原始的な方法であったが、次第に技術改良が行われ、江戸時代中頃には高殿《たかとの》たたら（建物の中に、炉を築く）が開発された。

たたら製鉄は、古代においては鉄鉱石を細かく砕き原料としたものもあったが、砂鉄を使用する場合がほとんどであった。

出雲地方では、近世になると、中国山地を中心とした奥出雲で盛んに行われてきた。松江藩の政策もあって、十八世紀後半以降生産量が伸びた。諸記録によって推定すると、中国地方の製鉄は我が国の九五パーセントを超え、そのほとんどは奥出雲産ということになる。

たたら製鉄技術の特徴には、複雑な工程や技術があるが、簡単にいうと、炉の築造に見られる。その手順として、まず地下構造《ちかこうぞう》を作り、その上部に炉《ろ》を築くという作業である。炉内での温度を高温に保つためには、地下からの水蒸気が上昇しないようにする必要がある。また、水蒸気は爆発の原因ともなるので、この点に工夫がこらされる。地下構造には、大舟《おおふね》（本床《ほんどこ》）やトンネル状の小舟《こふね》とか、排水施設を作るなど、その多くは秘伝であった。地下構造は、一度作れば、その後、半永久的に使用できる。炉は、操業《そうぎょう》（製鉄活動）のたびごとに作られる。たたら製鉄の特徴として、炉の土を触媒《しょくばい》としながら、鉄が作られるので、洋鉄のように石灰を用いたりしない。そのための土の選定が重要になる。実際には、粘土と真砂土《まさつち》（花崗岩の風化した砂状の土）を練り合わせたもので、これも秘伝であった。操業も終盤になると、炉壁は薄くなり、鉄に食われたように見える。炉内の温度を高温にするため、吹子《ふいご》で送風するための穴を空けたりもする。天秤《てんびん》吹子が発明されて、効率化され生産量が増えている。

実際の操業は、炉内に木炭を挿入《そうにゅう》して点火し、一定の時間ごとに、一定量の砂鉄を挿入する。この繰り返しである。吹子で送風しながら行うので、炎は数メートルの高さまで上る。操業の途中で、排出物（炉壁の土と砂鉄中の不要物が反応してできる）である鉄滓《てっさい》（ノロと呼ばれることが多い）を取り除き、炉内の様子を観察しながら作業を進める。最後に、木炭や砂鉄の挿入を止め、炉を崩して内部から鉄の塊を取り出すのである。

できる鉄の種類は、鋼《はがね》中心の鉧《けら》と、鋳鉄《ちゅうてつ》中心の銑《ずく》に分けられる。前者は刃物に、後者は鍋釜などの鋳物の材料となる。鉧と銑では、操業の方法や技術的なことが少し異なっている。一回の操業（一代《ひとよ》）に四昼夜（四日押《よっかおし》という）かかっていた。多い時には、一つのたたらで、年六五代の操業があったという。しかし、安政三年（一八五六）から、操業期間が短縮され、三日押《みっかおし》になったといわれる。操業に当たる技師長は村下《むらげ》と呼ばれ、絶大な権限をもっていた。それだけ責任も大きかった。村下以下炭坂《すみさか》・番《ばん》子《こ》らの従事者は、たたら場を中心とした山内《さんない》に住んでいた。

　現在は、島根県仁多郡奥出雲町横田で、日本美術刀剣保存協会のたたら（略して、日刀保《にっとうほ》たたら）で、鉧生産が冬場に数代操業されている。

たたらの操業（日刀保たたら）

①炉を築く作業

②砂鉄の挿入

③炉を崩す作業

④取り出した鉧の塊、火の塊

「たたら場の風景」（鉄穴鈩、明治30年頃の鉄穴鈩を撮影したもの。右側に高殿、左側の櫓がある建物が銅折場である。島根県奥出雲町絲原記念館提供）

　日刀保たたらでは、一代で二〜二・五トンの鉧（平均の長さ二・七メートル、幅一メートル、厚さ〇・二メートル強）を生産するのに砂鉄約六・七トン、木炭約一〇・七トンを要するという。

　砂鉄には、真砂《まさ》砂鉄と赤目《あこめ》砂鉄がある。日刀保たたら近くの、羽内谷《はないだに》鉱山で、優秀な真砂砂鉄の磁《じ》力選鉱《りょくせんこう》が行われている。かつての砂鉄採取は、川や海で浜砂鉄を取る方法と、山を切り崩して土砂を水路に流し、下に沈殿した砂鉄を採取する鉄穴流《かんななが》しであった。鉄穴流しで一山がなくなるのは、珍しいことではなかった。その跡地が田畑に変わっている所も多い。

　木炭は、炉内を高温にするため、やや生焼けの物を作る。燃焼中に発生する一酸化炭素を再度燃焼させて、温度を上げるという。樹齢約三十年の雑木を使用する。一トンの木炭を得るのに、単純計算で〇・七五ヘクタールの山林が必要であった。江戸時代の山間部では、山の植林活動も盛んであり、いつもきれいに維持されていたのである。伐採が進み森林破壊が起こるということはなかったといってよい。

これも松江

奇人・天愚孔平

松江藩士としての天愚孔平

天愚孔平《てんぐこうへい》は、複数の名前をもっていた。萩野喜内《はぎのきない》というのが松江藩に仕える時の名前である。萩野は俗姓、喜内は称であって、本姓は平《たいら》・孔平《くひら》、名は信敏《しんびん》、号は鳩谷《きゅうこく》・天愚（斎《さい》）・草鞋《わらじ》大王・萬坧君《ばんせきくん》とある。この稿でも、適宜《てきぎ》使い分ける。

天愚孔平と名乗っているのは、孔平《くひら》が姓であったが、のちに上に天愚をつけて、天愚孔平《こうへい》となった。孔平の由来は、先祖が水軍、実は海賊で、中国に渡って女性を連れて帰ってきた。帰りの船中で、この女性が「実は私は子どもを身籠もっております」と言った。よく聞くと「孔子の子孫の子を身籠もっている」と言うので大変喜び、日本に帰って生ませ、自分の跡取りにした。死ぬ時に、その子に「実はお前は孔子の子孫である。そして我が家の本姓は平であるから、今後、姓は孔平《くひら》と名乗れ」と言ったというのである。荒唐無稽な話であるが、松浦静山《まつらせいざん》は『甲子夜話《かっしやわ》』の中でこの話に触れ、『闕里誌《けつりし》』等から見てもこの話は、「誣《しう》とすべからず」、即ち、まんざら根拠のない話ともいえない、と書いている。

喜内は、延享元年（一七四四）、江戸藩邸で、藩主宗衍《むねのぶ》の伽勤《とぎづとめ》を仰せつけられた。同三年には扈従《こしょう》見習となり、寛延元年（一七四八）に扈従本役となって、正式な藩士として採用された。その後、家督相続して三百石取りとなった。安永元年（一七七二）、御隠居様（引退後の宗衍）付きの納戸《なんど》役と側医《そばい》を兼ねる役を命ぜられた。幼少の頃より仕え、遊び仲間であり、学問仲間であり、お互いに気の合う、友人のような君臣であった。しかし、五年後の安永六年、納戸役と側医を免ぜられている。家老の朝日丹波郷保が江戸屋敷の納戸金を冗費とみなし、喜内も冗員とみなされ、役を免ぜられたのである。天明二年（一七八二）、者頭《ものがしら》を命ぜられている。中老・番頭《ばんがしら》・奥《おく》列《れつ》の次に位置する役職で、足軽を率いる一隊の将である。側医として五〇人扶持であった祖父玄玖、儒と医の功によって三百石取りとなった父珉を超えた地位に就き、松江藩の重臣となった。文化二年（一八〇五）、ついに番頭にまで昇り詰めた。番組の士を預かって支配し、戦時にはその組士を率いて采配をとる、いわば司令官にまでなったのである。

孔平の奇人振り

孔平は、千社札《せんじゃふだ》の元祖として知られている。元祖であったかどうかはさておいて、神社仏閣に詣でる時には、紙に印刷した大版の札を貼って回ったようである。札を貼るには、継竿《つぎさお》に刷毛《はけ》をつけて、高楼の屋根裏でも簡単に貼れる工夫をしていた。

孔平についての逸話がある。

晴雨にかかわらず、雨合羽を着て、その上に蓑《みの》の上に掛ける萌黄色《もえぎいろ》の網を覆い、粗末な破れ袴をはいて歩いた。杖には毛抜きまたは剪刀《せんとう》（はさみ）の折れたもの、厚紙（いため紙）を二つ折りにしたものを紐につけて結び、その厚紙で鼻汁などを拭っていた。拾った草鞋《わらじ》を修理して、二、三足重ねて履いていた。歩きながら草鞋などを拾うとそれを腰に吊るしたりしていたという。こうした姿は、晩年になるとさらに甚だしくなったと伝えられる。江戸中で孔平を知らない者はいないくらい有名で人気者であった。本の序文を孔平が書くと、その本はよく売れたほどである。幕府の役人が、その異状を見て誰かと問うと、「想公の新職である。未だ雲の萩野喜内を知らずや」と聞き返した。

　ある日、幼い孫が迷子になったのを、扇屋が家まで送ってきてくれた。自らその礼に行き、店頭にある金張りの扇を数本取り、それに詩を書いて帰った。その後、ある藩の殿様が通りかかり、その扇を見たところ、珍しい孔平の書なので、売値の倍の金を置いて帰った。扇屋は、初めて鳩谷が能書家であることを知った。後日、鳩谷が再び来て、扇が売れたかどうかを尋ねた。店主は出てきて礼を述べ、また揮毫《きごう》を乞おうとしたが、鳩谷はその時はすでに遠くへ去っていたという。

孔平を描いた江戸時代の絵

　奇行が目立つが、儒家や医家の家系に育ち、孔平本人もその素養を充分過ぎるほどに身に付けていた。大槻玄沢《おおつきげんたく》の『蘭学階《らんがくかい》梯《てい》』に叙文を書いたりしている。江戸藩邸の儒官宇佐美恵助《うさみえすけ》（灊水《しんすい》）とも親しかった。

孔平の撰文

　孔平の著した書物や碑文は数多いが、松平家の菩提寺である月照寺の「出雲天隆《てんりゅう》公寿蔵碑《こうじゅぞうひ》」の碑文が有名である。「寿蔵」とは存命中に建てる墓のことである。六代藩主宗衍（天隆公）の石塔の右手前方にある大きな亀の上に載った石碑を「寿蔵碑」と呼んでいる。

出雲天隆公寿蔵碑

　碑には、「臣　孔平信敏《くひらしんびん》撰文」とある。碑文の終わりには、孔平が碑文を書くようになったいきさつが書いてあるので、一部を現代文に直して紹介しよう。元の碑文は漢文である。

「……今年の春、寿蔵を封内（松江）に作ることを命じられた。役人は碑を建て、碑文を刻みたいと願った。公は了承した。誰に書かせるか選んでいただきたいと尋ねた。公は、信敏に命じなさい、彼は、質朴正直で飾りが少ない、その上自分を知っている、知らない者に書かせ墓に諂《へつら》わせるより……」

　碑文の日付は、安永七年（一七七八）三月となっている。宗衍が他界したのは、四年後の天明二年（一七八二）四月であった。

これも松江

松江の祭り ホーランエンヤと鼕行列

ホーランエンヤ

鼕行列

ホーランエンヤ

いつ頃から始まったか不明であるが、直政の頃ともいう。松江城内の城山稲荷神社から約一〇キロメートル離れた阿太加夜《あだかや》神社（現・松江市東出雲町）に船で御神霊《おみたま》をお運びし、一週間にわたって豊作や繁栄を祈り、再び船でお帰りになる船神事は、「ホーランエンヤ」と呼ばれ親しまれている。正式には「式年神幸祭《しきねんしんこうさい》」という。式年とは、一定の間隔で繰り返されることで、元は十年目ごとに行っていたが、時代の状況によって間隔は一定していない。ホーランエンヤと呼ぶようになったのは、いつからか分からないが、『西田千太郎日記』（西田は松江尋常中学校教諭になり、英語教師小泉八雲／ラフカディオ・ハーンとの親交が知られている）に「旧城内ノ稲荷様、ホーラーエンヤノ船、ウタト共ニ阿太加夜神社ニ神幸アリ」とある。

この祭りの特徴は、櫂《かい》伝馬《てんま》船にある。十数名のこぎ手と共に、剣櫂《けんがい》や采《ざい》振《ふり》を持った踊り手が乗っていて、唄や太鼓に合わせて、剣櫂踊り、采振踊りが行われる。きらびやかなものである。元は、素朴な信仰に基づき、質素なものであった。御神幸船を綱で引き護衛したことに始まるが、のちに、引き船や供船が増えたので、今は、踊り船を、櫂伝馬船といっている。大橋川下流部周辺五カ村の櫂伝馬船が参加する。

鼕行列

「鼕宮《どうみや》」という車輪のついた屋根付きの山車《だし》屋台に、直径四〜六尺の鼕《どう》と呼ばれる大太鼓をのせて、大勢の人で曳く祭りを鼕行列と呼んでいる。笛や鉦《かね》に合わせて、数人で一つの鼕を叩きながら進む。底力のある大きな音で、そのリズムと共に周辺にいる者の腹に心地よく響く。鼕宮は、各町内で工夫をこらして飾り付けられている。

この祭りは、享保九年（一七二四）、第五代藩主宣維《のぶずみ》の後妻として、岩姫の降嫁があった時、松江の町人が競って大鼕を作って祝ったのが始まりと伝えられるが、現在の形になったのは、大正四年（一九一五）からである。

第三章 藩財政の窮乏と改革

宗衍の努力は報われず、治郷こと不昧の代に好転の兆しが見える。

① 改革の頓挫を余儀なくされた宗衍

宗衍は藩財政立て直しのため、小田切尚足を補佐として親政を始めた。「延享の改革」または「御趣向の改革」と呼ばれ、「家中制法」という心構えを達した。しかし、資金運用に行き詰まり、天災にも見舞われ、宗衍は三十八歳で引退した。

宗衍、三歳で襲封

享保十六年（一七三一）十月十三日、宗衍《むねのぶ》は第六代藩主の座に就いた。幼名幸千代、母は岩姫である。岩姫の妹比宮《なみのみや》は、九代将軍家重の夫人になる。

幕府は、幸千代襲封《しゅうほう》に際して、親戚筋の福井藩主松平宗矩《むねのり》、明石藩主松平直純《なおずみ》、白河藩主松平義知《よしちか》の三人に補佐させ、国の大事は合議させた。同十八年四月十八日、三人は合議して高田定英、乙部可豊に後見を託し、幸千代の入国までは、両氏のどちらかを必ず江戸に留まらせた。同二十四日、幕府は、広瀬藩主松平近朝《ちかとも》の二男で九歳の庄次郎を江戸によび、幸千代の庶弟《しょてい》★とした。

幸千代は、母岩姫を敬い、大切にしていた。九歳の時、赤坂の上屋敷付近で火災が発生し、人々は慌てふためいたが、幸千代は即座に番士に母の安否を尋ね、

▼庶弟
義理の弟。

青山の屋敷に避難しても母の輿《こし》が着くまで着座しなかったという。
細心で人情味厚かったが、国主としての度胸があり、豪胆なところもあった。
寛保二年（一七四二）、十四歳で元服の式を挙げ、将軍吉宗の一字をもらい宗衍となり、出羽守に叙任された。

享保十七年は二大凶年のひとつ

享保十七年（一七三二）夏、関西地方には大規模な蝗害《こうがい》★があった。松江藩での被害は、十七万四千三百二十余石に及び、収穫はわずかに八万石に過ぎなかった。『出雲私史』によると、九月になって、神門郡の百姓が立毛《たちげ》★検見《けみ》を要求して一揆を起こし、松江城下近くで強訴《ごうそ》に及んだ。

強訴は禁止されていたから、藩は、荒木村（現・出雲市大社町）の源佐衛門と、松寄下村《まつよりしも》（現・出雲市松寄下町）の伊助両名を首謀《しゅぼう》者として捕らえ、処刑し首を梟《さら》した。二人とも、庄屋クラスの村役人で、百姓の代表として行動した。伊助は累が家族に及ばないように、事前に離婚の手続きをしていたという。村役人が代表となるこの形の一揆は、惣《そう》百姓一揆と呼ばれ、江戸時代前期に多くみられる。

『松江市誌』に「木幡《こわた》氏の旧記によると前代未聞の凶年で……十二月五、六日頃には、諸郡村より百姓大勢松江に出かけ、湯町《ゆまち》★邊迄《へんまで》迫った、とある。此の年

▼**蝗害**
なぜか蝗（いなご）の字をあてるが、ウンカと推定されている。

▼**立毛**
地方の役職名。検見を行う。

▼**湯町**
現・松江市玉湯町湯町。

は如何にも大凶年であった。此の時藩は其の巨魁《きょかい》を誅《ちゅう》して、之を梟した」とある。同じ内容で、単なる日付の誤りかもしれない。

一揆は鎮圧したが、宗衍はまだ幼少であったので、幕府は堀三六郎、土屋数馬を松江藩国目付として派遣し、藩政を監察させた。同時に、一万二〇〇〇両を貸し付け、また関東米四万俵を石見国大森代官所（銀山）経由で窮民対策に回して急場をしのがせた。のちの天明三年（一七八三）の藩内の大飢饉と共に、松平氏時代の二大凶年であった。

その翌年の享保十八年三月十日九ツ（正午）、外中原百姓町（現・松江市外中原町）より出火して広範囲が灰燼《かいじん》に帰した。この火は、城内にも飛び火し、「北の丸」（出丸とも）と呼ばれる所にあった屋敷も全焼したといわれる。★北の丸は、四代藩主吉透が襲封する以前に新婚時代を過ごした所で、襲封後は、引退した前藩主綱近の隠居所となっていた。『出雲私史』の引用史料と思われる絲原家の「慶長元丙申ヨリ延享二乙丑迄百五十年間聴書　下」には、「……火移新御殿ヨリ足軽町稲刈御社焼失夫ヨリ……」とある。稲刈御社は城山稲荷神社を指すと思われる。

現在、北の丸は松江護国神社境内となっていて、昭和六十一年（一九八六）に、社務所建て替えに伴い一部の発掘調査が行われた。中心から外れた位置なので、主屋は検出されず、火事の跡も検出されなかったと報告されている。通常、火事

▼『出雲私史』に「外中原百姓街出火。延焼畳城門一所、士宅百六十九戸、與力士宅三十戸、徒士以下の宅四十戸、市家三十戸、寺三ヶ所、堂祠四所」とある。

場の発掘調査では焼土や焼けた瓦片その他の廃材が多く出土するが、全てをどこかへ運んで整理したと思われる。

北の丸はその後空き地となり、矢場や練兵場として使用されたという。

宗衍の入国、「家中制法」の発布

延享二年（一七四五）六月、宗衍は十七歳で初めて松江に入った。藩内は困窮していて、財政立て直しをはかろうとした。その手始めに、大野泰伴、平賀顕覩を免じ、有澤弌胤、黒川正曉、三谷長清を当職（家老）とした。

入国二カ月後の八月に入ってから連日雨が降り、十八日には城下の出水《しゅっすい》が六尺（一・八メートル）になり、田町方面では家屋が流れそうであったので、船を出して救助した。翌十九日、宗衍自らが船に乗って状況を視察し、米三俵を出して末次《すえつぐ》・白潟南町の被災者に与え、二十日、再び船に乗って城下を巡視して白潟方面を回り、飢民に食を与えた。二十一日になってようやく水が引き、二十二日に三たび船に乗って白潟方面を回り、被災者に食を与えた。

末次の商人小豆屋淺右衛門、宍道の百姓小豆屋與《よ》一右衛門は私費を出して緊急の費用を助けた。淺右衛門の養父某は、かねて金銀を集め、蓄えていた。子孫を戒めて、みだりにこれを売却することを禁じ、有事に限りこれを用いるよう遺言していた。穀物が実らず人々が困窮しているこの時こそ、この金銀を使うべきと判断した淺右衛門は、これらを大坂でお金に替え、すべてを藩に献じ、救恤《きゅうじゅつ》の費用とすることを願い出た。また、甥與一右衛門に勧め、やはり多額の救恤金を献納させた。宗衍はその志に感じ入り、同三年正月、両人を褒賞し、終身、年に米二〇俵を給した。

同年十一月、藩財政逼迫のため、五年を限りとして家臣の俸禄を半知とした。

翌四年八月二十四日、宗衍は「諸家中江申聞覚」として直書《じきしょ》を発した。★

これは、藩国のため一心に財政の整理・緊縮のため尽くすよう諭したものであった。この頃から、宗衍は朝日丹波・三谷権太夫を退役させ、小田切尚足《おだぎりひさたり》（半三郎）を補佐として親政を始めた。「御直捌《おじきさばき》」＝「延享の改革」または「御趣向《ごしゅこう》の改革」と呼ばれる。翌寛延元年（一七四八）以後、毎年正月十一日の御用始めの日に、この直書を諸臣に聞かせるようになっている。

宗衍は、入国以前から尚足が理財に明るいことを知っており、元文三年（一七三八）に国政に参加させている。享保の末頃から諸記録に「趣向」という文字が散見され、新案とか企画という意味に解釈されている。財政逼迫の折、新しい政策を研究・工夫する雰囲気が芽生えていたようである。尚足のもとに、理財能力の高い中士、下士を集め、「趣向方」といわれる改革派をつくり、大胆な経済政策を展開するようになる。

▼
「……片時モ早ク何卒勝手立直、諸民安穏ニ相暮シ候様ニト思候。我等身分ニ於テモ、厳布倹約ヲ相守リ、心身及タケ国政ノ事ニ打ハマリ、其外半三郎（小田切半三郎）始諸役並下小役人ニ至ル迄、心ヲ一ニシ其職役ニ身命ヲ擲、精カツヅカン程ハ、働キクレ候様ニ相頼候間、何レモ必至ニフミ込ミ候而、志ヲ堅メ候者、ナドカ勝手取直シ申間敷様ハ無之候」（部分）（『松江市誌』より）

延享四年から、宗衍自ら政治を行ったが、宝暦二年（一七五二）に執政★を復活させ小田切尚足と斎藤豊法をあてた。この年正月、★宗衍自ら定めた「家中《かちゅう》制法《せいほう》」を下し、これも、毎年正月十一日に目付に読ませ、諸臣に聞かせるようになった。

「家中制法」とは、藩士の心構えとでもいうべき家中の決まりであって、一八条目からなる。内容（部分）は次の通りである。

「……④文武の芸は、常に心がけて行うように。⑤武具はその身に応じて嗜むこと。⑥倹約し、贅沢しないように。附けたり――年頭の節句や神仏の祭りは、家々の先例にこだわらないで、その身に応じた形で行うこと。⑦服装は、男女とも木綿・麻布・晒布《さらしぬの》に限ること。ただし七〇歳以上の者と七歳以下の者は、絹類の下着をつけてはいけない。のし目は礼服であるので、士列の者は自由に使ってよい。附けたり――江戸・京都・大坂・隠岐勤めの者は、この制限を設けない。しかし、それぞれの屋敷内の多くは、国内の法と同様とするように」

三大別される「延享の改革」

「延享の改革」は、尚足が引退後の宝暦三年（一七五三）夏に著した『報国《ほうこく》』によると、その性格により三大別できる。

▼執政
家老の異称。幕府では老中の異称。

▼
『松江市誌』では四月一日。

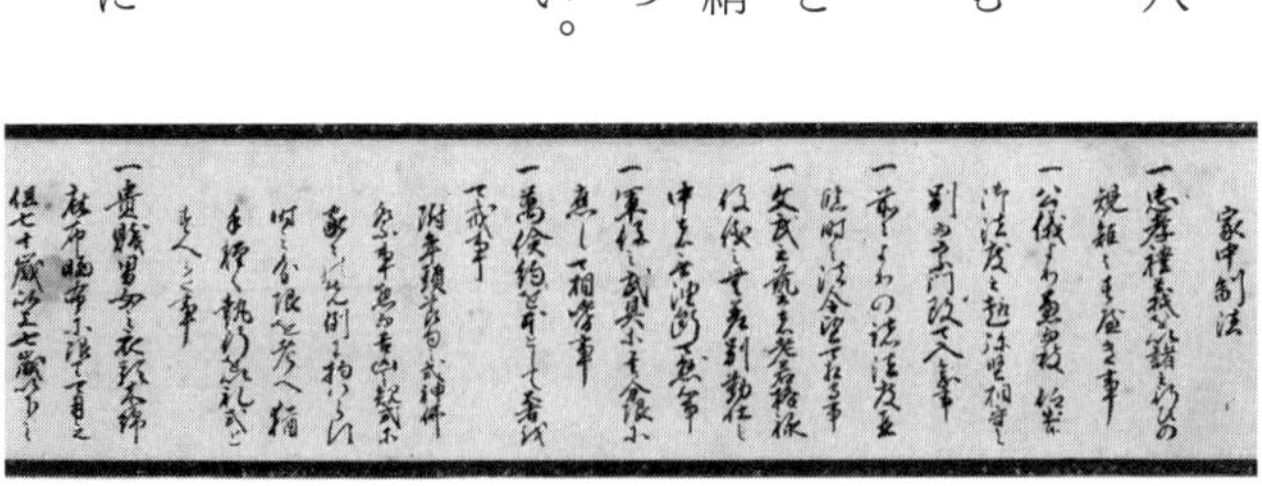

家中制法（松江市蔵）

第一は、財政難に対応する金融の趣向である。当面の赤字対策として、「才覚《さいかく》」といった資金調達に奔走したことである。米子《よなご》（現・鳥取県米子市）の商人後藤家などは、松江藩に対する融資から手を引いていたので、大坂や尾道などの国外の金融商人に頼らざるを得なかった。「泉府方《せんぷかた》」を設け、藩内富農・富商の手持ち資金に、才覚で調達した藩の資金を合わせて原資とし、希望者に貸し付けた。「札座《ふだざ》」は、紙に金額を刷り、発行名義人である御用商人の信用で紙幣として通用させた。藩も「元備《もとそな》え金」という発行保証金を積み立てて信用の保全に努めた。「義田方《ぎでんかた》」は、長期間の年貢を一括して先納すれば、免税するという義田証文を発行した。「新田方《しんでんかた》」は、新田開発の予定地から納入する数年分の年貢を先納すれば、免税するとした。これらの政策は、富裕農民層と連携したもので、苗字《みょうじ》帯刀《たいとう》・合羽《かっぱ》御免《ごめん》などの優遇策をとり、協力を得た。

第二は、集めた資本を元手にして、新たな産業をおこしたことである。「木《き》苗方《なえかた》」は、商品作物の研究・普及を通じて産業をおこすことを目標とした。木綿・煙草・櫨蠟《はぜろう》・薬用人参などは、のちに藩財政を支えることになった。「木実《きのみ》方《かた》」では、国内に植えた数十万本の櫨の実を搾り蠟燭《ろうそく》を作った。前の時代からあったが、この時期に規模を拡大して専売制とし、大坂へ出荷して巨額の富を稼いだ。「鉄方《てつかた》」は、たたら製鉄の生産流通を管理した。銑鉄《ずくてつ》を鍋釜《なべかま》などの商品にして付加価値をつけ専売した「鍋座《なべざ》」は、のちに大規模な鋳物を製造する「釜甑《ふそう》」

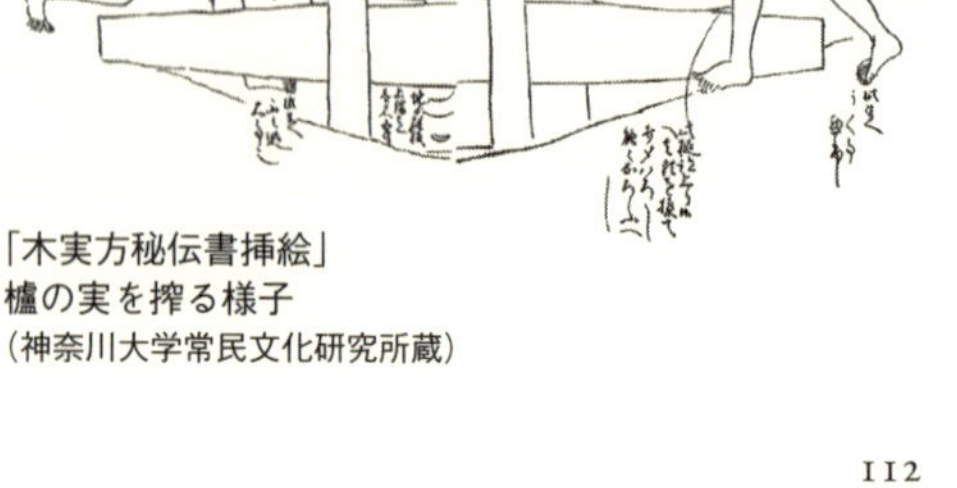

「木実方秘伝書挿絵」
櫨の実を搾る様子
（神奈川大学常民文化研究所蔵）

方《かた》」になる。この他「伽羅油座《きゃらあぶらざ》」、「銭方《ぜにかた》」、「藺草趣向《いぐさしゅこう》」、「新川方《しんかわかた》」など、各方面の産業振興が企画・立案された。

第三は、文教政策である。宗衍は、桃源蔵《ももげんぞう》（大蔵《だいぞう》、題蔵《だいぞう》、白鹿《はくろく》）を江戸から呼び戻し、藩校「文明館《ぶんめいかん》」（のち、治郷の時に「明教館《めいきょうかん》」と改称）を設置した。源蔵は、特定の学説にこだわらず、諸派の長所を取り込んで実践する折衷《せっちゅう》学の立場であった。源蔵に師事した松江藩の祐筆《ゆうひつ》松原基《まつばらもとい》は「源蔵はこれまで一人では理解できなかったこともよく分かるように話し、講釈の達人だ」と評した。

源蔵は、石見国安濃《あんの》郡川合《かわい》村（現・大田市）で、瘍医《ようい》（外科医）坂根幸悦《さかねこうえつ》の長男として生まれた。幸悦は、源蔵を医師にしたかったが、本人は儒学を志し、江戸に出て学問に励んだ。そのうち桃東園《ももとうえん》に認められ、桃の養子となった。その後林家に入門し、幕府の図書頭《ずしょのかみ》・林鳳谷《はやしほうこく》に認められ、朝鮮通信使《ちょうせんつうしんし》と交渉する儒者に選ばれた。一方、年を取った実父幸悦は自らの終焉《しゅうえん》の地を松江と定め、石見から移り住んでいた。宝暦七年（一七五七）、源蔵は再会を希望している父幸悦に会うため松江に戻ってきた。宗衍はこのことを知り、源蔵に会って松江藩の儒学師範になることを打診した。源蔵は養父と相談した結果、仕官した。

江戸藩邸では、経世《けいせい》学の祖となる荻生徂徠《おぎゅうそらい》門下の宇佐美恵助《うさみえすけ》（灊水《しんすい》）★を招き儒官とし、併せて世子治郷の教育をさせた。

恵助の著に『事務談』がある。宗衍が親政をやめ執政による政治に戻した時、こ

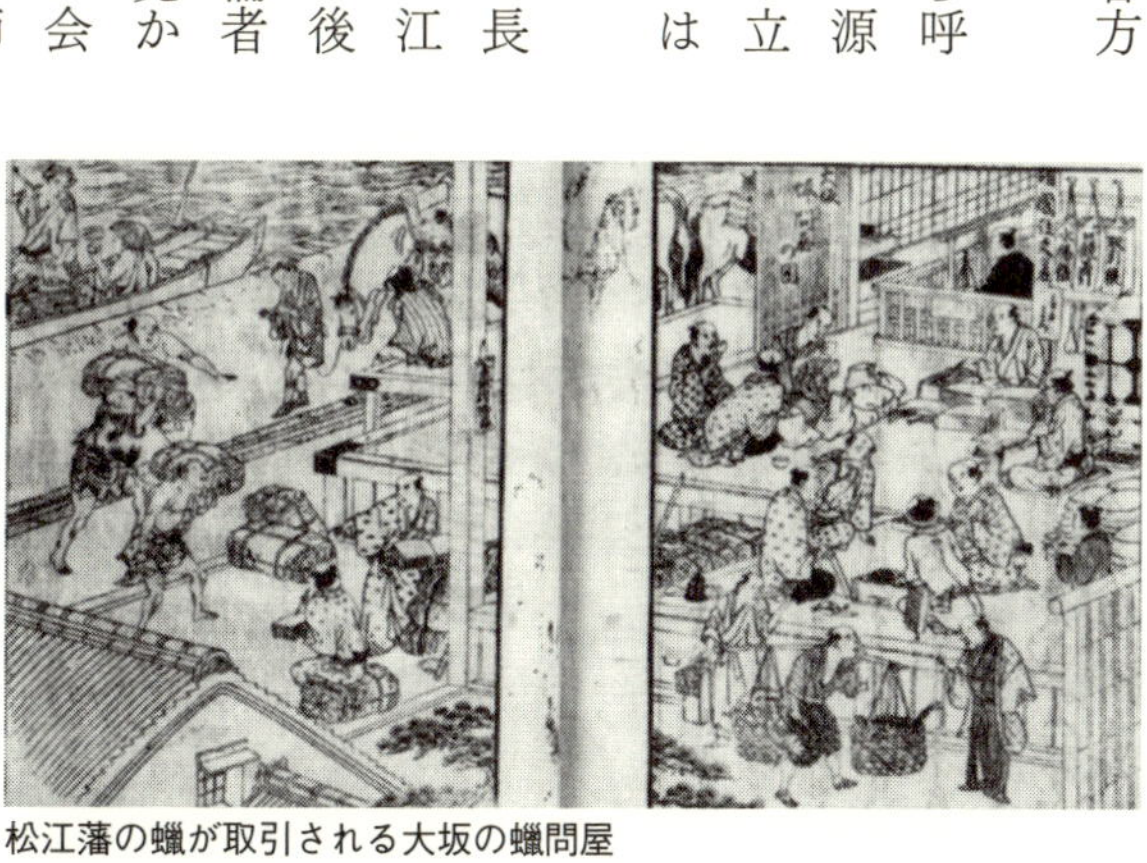
松江藩の蠟が取引される大坂の蠟問屋
（『農家益』後編所収）（松江市蔵）

▼宇佐美恵助（灊水）
恵助は、上総国夷隅（灊）郡の人である。治郷の教育者として、大いに尽くすところがあった。大変率直、厳正な人で、直言してはばかることがなかった。藩主、老臣共に重んじたが、安永五年（一七七六）、六十七歳で没した。

の書を、尚足に与えた。というのは、当時の時勢に合っていたからで、恵助から見ると、宗衍は豪遊を重ねるばかりで、学問に興味がなかったためだ。一部を要約すると次の通りである。

「……世の中が泰平になり百年も経つと、江戸に住む者は贅沢な生活になってくる。……諸侯たちがこの風に馴れると、国を忘れ、民を忘れ、忠臣の諫言も聞かず、歓楽奢侈に費用を使い、国の費用は不足することになる。家中の俸禄支給も滞り、民の租税を厳しく取り立てることになる。下臣たちが、やむを得ず家中の諸費用を倹約しても、毎年のことで、下の者が難儀になるのみ。そして国の費用はいつも足りない。これは、治国の道に甚だしく害となる。公子は幼少の頃から本国にあって、江戸の華美軽薄の風に染まってはならない。江戸で成長すれば、右のようになることを免れない。本国で成長すれば、国元は土地も広いので、遊行もできて、江戸藩邸の深宮で婦人の手を離れないのと違い、身体も健康になる。日々の華美軽薄を知らなければ、自然に質素になる。家中の多くの人を朝夕見れば、諸臣に厚い情けをもち……」

恵助は、師である荻生徂徠の著作物を松江藩の費用で次々に出版するが、その共同編集者は優れた経世学者で『経済録』の著者太宰《だざい》春台《しゅんだい》であった。この時期から、特産品をつくり、藩の専売にして、貨幣を稼ぐ経済活動を展開する。太宰理論を積極的に取り入れたからである。

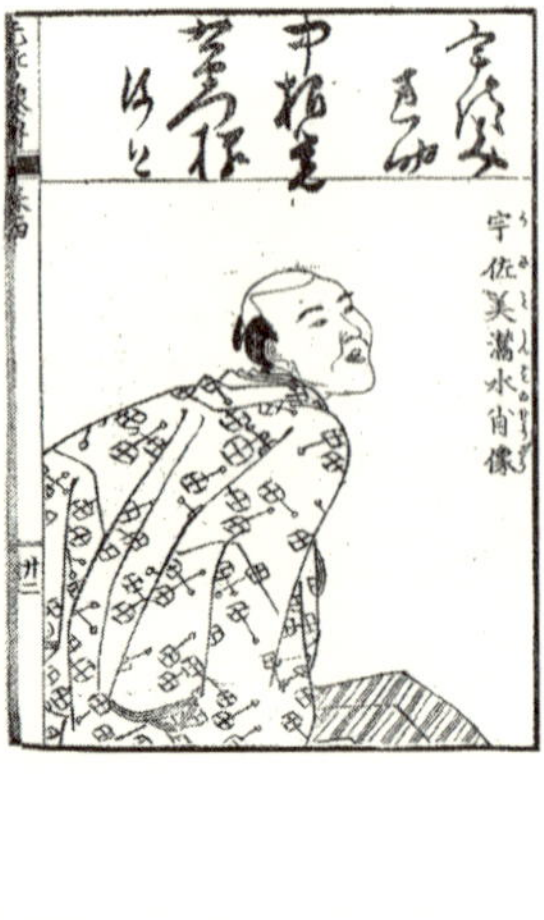

宇佐美恵助肖像
（徳斎原義『先哲像伝』所収）
（島根県立図書館蔵）

改革の挫折と藩主の引退

寛延二年（一七四九）に発足した泉府方《せんぷかた》は、すぐに資金の運用に行き詰まり、信用を失ってしまった。宝暦二年（一七五二）十二月十二日に、尚足は退役の願いを出し、翌年四月に認められた。

宝暦五年八月二十四日から二十五日にかけて、松江地方は台風と思われる風害に見舞われた。民家倒壊七二〇戸、破損三千二百余戸、倒木二万一七〇〇株、六万八千余石の被害があった。また、同九年閏七月十六日は大雨と雷に見舞われ、翌日は城下が浸水した。城下の平地部で、二、三尺から五、六尺の出水があり、郊外では一丈に達した所もあった。民家の破壊七八〇戸、圧死者男女は二四人あり、山崩れ、堤防破損、橋梁の流失、田畠の被害等々、甚大な損害を被った。この両災害による「宝暦の飢饉」は、松江藩の財政をより悪化させることになる。

同年八月末には、藩札に対する信用が低下し、九月上旬に金銀吹き替えの噂が大坂からもたらされるや、城下に騒動が始まった。十五日には、金銀と藩札の交換をしないことになった。

このような状態を打開するため、十二月には、安来町の豪農並河《なびか》氏が勝手方引請け銀方頭取役を命ぜられ、翌十年七月には、すでに辞職していた小田切尚足がにわかに呼び出され、江戸に行ったところ復職を命ぜられた。八月、宇佐美恵助は尚足に上書して、政治のあり方について「……前年泉府が破綻したのは、貴方様の責任ではない。上《うえ》の物入りが莫大で、泉府の業務が続きかね、是非なく破綻したのだと愚推いたします。……今まで、実際に政治を行う方は、上の御機嫌に入らなければできないと、事の善し悪し是非に関係なく、上の御意に従うだけでした。御意に入らなければなりませんが、それだけでは一つも功がありません。御為になること一つもなく、何の役にも立ちません。だから、前轍《ぜんてつ》を踏《ふ》まないで風を変えてみると良いでしょう」と述べている。

しかし、尚足は、眼前に迫った財政危機への当面の対策しかできなかった。その上同十年に命ぜられた比叡山延暦寺《ひえいざんえんりゃくじ》修復のために、巨額の工事費工面に主力をそそぐようになり、財政の健全化対策に手がまわらなくなって、改革は挫折した。尚足は責任を取って辞職することになった。

宗衍の時代に出費が多かったものに、宝暦の飢饉対策や延暦寺修復の他、幕府から命ぜられた出雲大社の造営、宝暦五年の将軍名代としての上洛があった。

江戸でも、松江藩の財政逼迫は知られ、朝日丹波郷保《さとやす》の子丹波恒重《つねしげ》が著した『秘書』★に「天隆院★様毎日御落涙、扨又、金子壱両御入用ニ付、御側小姓すあしにて才覚ニ江戸中かけ廻り候へとも、出羽様御滅亡と承候哉、壱両も壱歩もかし候もの無御座候」とある。

▼『秘書』
一三二頁参照。

▼天隆院
宗衍の謚。

ところで、宗衍は、痔疾に悩み、宝暦十一年以来江戸で生活し、帰国しなかった。明和三年（一七六六）八月、世子治郷《はるさと》が初めて入国した。久しく藩主の帰国がなく、民心が藩主から離れる傾向にあったが、治郷入国の行列を見て、皆蘇生の思いがしたという。

明和三年十月、宗衍は、柳多弌承、三谷長逵《ながみち》、有澤弌通の願いを入れてその職を解いた。朝日丹波郷保を江戸によんで仕置役に任じ、財政の整理に当たらせ、治郷の後見を兼ねさせた。翌四年七月、職を辞していた尚足が江戸によばれ、国の会計窮迫の打開策を問われた。尚足は、百計尽きた旨を答えた。宗衍は、郷保を呼び出し、「国に貯えなく、老臣も百計すでに尽きたという。自分は多病で空しく江戸にいる。上は幕府に対し、下は臣民に向かって、寝食に安んずることができない。請うて、今冬、政《まつりごと》を世子治郷に譲ろうと思う。そなたら、治郷をよろしく導き、国の疲弊を救い、これをもって、自分の跡を雪《すす》いでほしい」と伝えた。郷保は、「君公はまだ四十歳に達しないのに、そんなことを仰るとは全く想像しないことで……。ご再考下さい」と泣いた。しかし、宗衍は意中深く決していて、心は変わらなかった。尚足と郷保の二人は八月に江戸を辞し、政務に就くため大坂経由で国へ帰った。

明和四年十一月二十七日、宗衍は三十八歳で引退し、信濃守治郷が襲封した。宗衍は、安永六年（一七七七）、剃髪して南海と号した。

②財政立て直しに尽力する治郷

極端な財政難に陥っていた松江藩だが、治郷を支える朝日郷保らの取り組みで徐々に改善。ところがその政治改革が崩れそうになってきたため、治郷の親政が始まった。治郷は相撲を好み、抱え力士の雷電為右衛門の活躍が、松江藩の名を高からしめた。

「御立派政治」の推進

松平治郷《はるさと》は、宗衍の第二子として江戸に生まれた。幼名は、鶴太郎といった。幼少の頃は、『松平不昧伝』には、利発さが度を超すこと数々あり、周囲の者を悩ませたとある。赤木《あかぎ》（内蔵《くら》）数馬は剛直で、時には顔色を変えて直諫することもあり、脇坂十郎兵衛は柔和で諄々として説いていた。それらが宇佐美恵助の指導と相まって、治郷を後日の英主として成人させることができたのであろう。併せて、当時の松江藩の財政窮乏の逆境等が、治郷の人格形成に大きく影響してもいるようである。

明和元年（一七六四）、江戸城初登城し、十代将軍家治《いえはる》に謁し、「治」の字をもらい治好《はるたか》と名乗り、次いで治郷と改めた。十四歳で世子となり、信濃守に叙任されたが、十七歳で襲封し出羽守となった。

治郷は、襲封後も江戸に滞在しており、その間は大奥の修繕と幕府に対する諸礼の贈答が主な仕事だったようである。

同六年十一月十七日、国主として初めて入国した。翌年六月、小田切尚足の引退願いを承認し、息子に千七百石を継がせた。八月には、朝日丹波郷保が引退を願ったが、親しく優しく諭して承認しなかった。郷保は、感泣《かんきゅう》し、古希に近い老軀《ろうく》をささげ、国事に努めると誓った。

郷保は天明元年（一七八一）引退後、腹心森文四郎《ぶんしろう》と共に『治国大本《ちこくたいほん》』と『治《ち》国譜《こくふ》』を著した。『治国大本』の冒頭「泰平の世に国家が危難に及ぶというは、過半《かはん》借用より起こりたるなり。借金にて潰《つぶ》れたる大名はなしという人は、言語道断の不忠者」と述べ健全財政を説き、その財務方針を「入《い》るを図って出《いづ》るを制す」としている。

文四郎の『治国譜考証』の序文には、旧例などにかかわらず、要《かなめ》を押さえた政治を目指す立派《たては》について記されている。★

郷保を中心としたグループを「御立派《おたては》」と呼び、彼らの政治を「御立派政治」とか「御立派改革」と呼んでいる。

御立派政治の第一歩は、藩邸の綱紀粛正であった。江戸屋敷の納戸金に目をつけ、冗費・冗員を省いて、権門《けんもん》への不時の贈り物を廃止した。利息の生ずる借金を

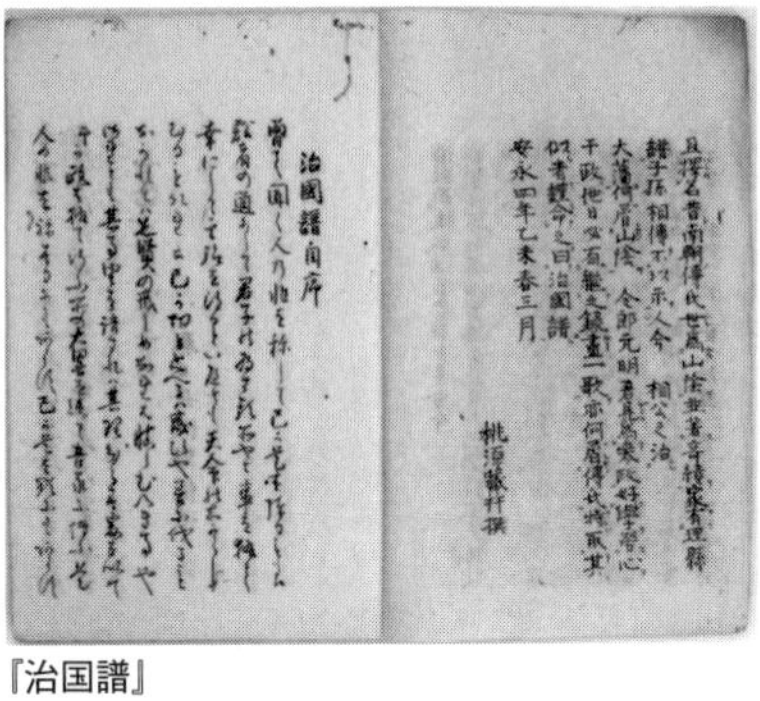
『治国譜』
（松江市教育委員会提供）

▼「政ノ闕（か）ケタルヲ補ヒ風俗の頽廃スルヲ改メ、立派トシテ舊（きゅう）例古格ニ拘ハラズ、王制ノ根元ヲ踏ヘ、人情ノ因ル所ニ本ヅキ、治要ノ樞（すう）機ヲ立云々」

禁止するなど、江戸でのすべての節約を、脇坂十郎兵衛の辣腕《らつわん》に託した。十郎兵衛は近習頭として仕置役を兼ね、宗衍の命によって世子の傅役《もりやく》を務めた。厳格な人柄で、鑓術に秀でていた。十郎兵衛の同役に赤木数馬がいて、藩邸内で青鬼・赤鬼といわれ、諸士に畏敬され、綱紀粛正に適していた。江戸御入用の大幅削減に成功し、のちには、支出を三割台に押さえ込んだ。

実際の「御立派《おたては》政治」には主に次のようなものがある。

借金の返済と人員整理

明和四年（一七六七）、朝日郷保は江戸からの帰りに大坂に立ち寄った。ここには、藩借金の元となった蔵屋敷があった。蔵元ら債権者に、これまでの返済違約について陳謝した上で、今後の返済方法を談判した。それまでに累積した借金は、「出入《でいり》捷覧《しょうらん》」★の分析によると、約五〇万両であった。談判の結果は、「借金の利子等を除き、元金だけを七十年間の分割支払いとする」。その代わり、「年貢米取り扱いについては、特権を与える」というものであった。松江藩は、その後七十四年間にわたって返済し続け、天保十一年（一八四〇）に完済している。

人員については番頭《ばんがしら》・者頭《ものがしら》を減らし、諸奉行に兼職を命じ、諸役所を縮小（義田方《ぎでんかた》・札座等を廃止）し、冗員を淘汰した。徒《かち》以下の減員は九六八人に及んだ。その理由として、「長く続いた泰平の風俗の奢侈は、国用★の不足を招いた。

▼「出入捷覧」
明和四年から天保十一年にかけて七十四年間の年々の出納を記した、松江藩の複雑な財政収支書である。安澤秀一氏がコンピュータの導入により解析している。

▼国用
藩の財政。

悪賢い者が現れ、民の財産を取り立て自分の功とした。為政者もこのような人物を採用し、取り立ての法に巧みな者を重用し、百姓でありながら俸禄を得る者が多く、徒以下の擬作高《あてがいだか》★の増加となり、国政の基礎崩壊にいたった。郷保は、この弊害を見抜き、役に立たない者をやめさせ、あるいは不必要な役を省いて、一代限りに養料を支給することにした」とある。「烈士《れっし》禄断絶帳《ろくだんぜっちょう》」によると、この時期にお家断絶が集中しているわけではないので、石取りの士分に対しては役職からはずし、役料の減免をはかったのであろう。

銀札通用の禁止

明和四年四月には、銀札通用不振で捨て置かれない状態であった。庶民は、銀札が便利であったので、銅銭を出して銀札に換えていたが、奸商《かんしょう》はこれをみて、藩の支配向きの難渋しているのに乗じ空札《からふだ》を発行し、銀札に私の価をつけ、一文目を五〇、四〇、三〇、二〇文として、実際には価値のない札《さつ》で物の売買をし、私腹を肥やしていた。郷保はこの弊害を除くため、九月、札座を廃止し、銀札の通用を禁止した。

大庄屋の更迭

財政逼迫の折、諸役人はなす術がなく、一〇郡の下郡《したごおり》★に目録★を渡し支配を任

▼**擬作高**
扶持米。

▼**下郡**
領内支配のため設けられた郡役人。郡奉行と村役人の中間にあって、富農から選ばれ世襲することが多かった。

▼**目録**
各郡ごとに一人（神門郡は二人）に対し交付して、下郡に任じた。

せた。その結果、下郡たちは威を振るい始め、役人を侮って上《かみ》を畏れない風となった。百姓もこれを見習い、上下逆転の悪風となった。

朝日郷保は、この風を一掃しようと、まず下郡役を取り上げ、次にそれぞれの分限《ぶんげん》をみて、ぎりぎりの出米《しゅつまい》を課し、拒む者の田畑家財を没収することにした。各村の庄屋を罷免し、各一輪《わ》★（組）に一人のみを留任させた。このようにして、新たに一〇郡の下郡・与頭《くみがしら》を命じ、その職に就く者の生活・行動等は潔白であることを旨とし、古法の趣をもって務めよと令達した。

百姓のうち、先祖の功績で御免地を賜り、これを世襲する者、あるいは国用不足の際に調達金献納等の功によって、小算用格《こざんようかく》★以下御目見格、帯刀御免、苗字御免等の格式を与えられた者からそれらをことごとく取り上げ、小算用格の者には若干の扶持米を給していたのを取り上げげて、一代限りの格式に改めた。

▼輪
近隣の数村をまとめて称した単位。

▼小算用格
徒以下の格式の一つである小算用と同等とした。

藩内借金の棒引き

藩内からの借金もかなりの額に上っていたが、「闕年《けつねん》」という方法で解消した。中世の徳政令《とくせいれい》、のちの棄捐令《きえんれい》に当たり、金銭や物質の契約、権利・義務または貸借関係のあるものについて、すべて帳消しを命じた。『治国譜考証』には「禁民間負金之債」とある。藩の負債の債権者である百姓・町人に対して、各種債務の棒引きを実行してしまった。藩と百姓・町人の間のみならず、個人間の債権・債務関係をすべて無効にするというものであった。

　この法令のため、きちんとした証文をもっていても、取り立てることができなくなり、闕年のための賠償を訴え出る者は厳罰に処することとしている。松平定《さだ》信《のぶ》の行った寛政の改革の棄捐令は、旗本《はたもと》が札差《ふださし》から借りた金を対象としたもので適用範囲が狭かったし、比較的緩やかであった。しかし、松江藩の闕年は厳しかった。施行の翌月には藩内一〇郡の新下郡《したごおり》等は、藩に代償を要求したが、藩は応じなかった。

　このように、債権者にとっては甚大な被害を被るものであったが、庶民による暴動や一揆が起きなかったのは、郷保の改革の意図が、富裕層に偏在した富の再配分を企てたことによるからである。ともあれ、藩の債務を解消できたので、財政の破綻はまぬがれ、数年後には、余剰を生ずるにいたった。

農を去り商に就くことの禁止

　朝日郷保の経済政策は農業本位で、商業の勢力を抑えようとした。「百姓は力耕して米を得るが、凶年には米ができない。米価が騰貴する時は利を得るが、下落する時は利を失う。しかし、商人は物を交易し、価の低い時は買い、高い時は売り、米穀や他の物が乏しくなるのを待ってこれを売り、人の困窮に乗じて価を上げて暴利を得るため、豊年にも凶年にも儲けている」と考えていたからである。★

▼『松平不昧伝』による。

寛延元年（一七四八）の頃、農業を棄て商業に就くことを禁止していたが改まらず、明和六年（一七六九）にも禁止令が出された。しかし、農村沿道に茶店を出すなど、この風は改まらなかった。

百姓の子が大勢いれば、田地を分けることは不可能であるから、商人にすることと定めてあったが、一方では、商人の数を少なくして農業に帰《き》す方針をとっていた。郷中の町で、京店物（絹布類小間物《けんぷ》）を売ることをとめ、杵築、今市、安来★の三カ所に限ってこれを売ることを許した。

斐伊川の改修と佐陀川の開鑿

斐伊《ひい》川の治水工事は、明和七年（一七七〇）八月に始まった。大河（斐伊川）の中島（中洲か）一〇〇カ所、大河下の碇島《いかりしま》（中洲か）一郷と大橋下流部分の新田で、水の流れに差し障りのあるところすべてを取り除いた。また、神門《かんど》郡石塚（現・出雲市大津町）から楯縫郡《たてぬいぐん》平田村灘分《なだぶん》（現・出雲市灘分町）まで約二里あまりの所に幅三間の土手を築いた。安永二年（一七七三）の秋まで三年間で、一〇〇万人に及ぶ夫役《ぶやく》を用いたという。当時、この事業に反対する者もあった。しかし、朝日郷保は「年来の困難は大河の水のはけ口が悪く、洪水がしきりに起こり、民の憂《うれい》となっていた。しかし、川普請の手当てがなく、長い年月を経てしまっ

▼杵築、今市、安来
杵築は現・出雲市大社町、今市は現・出雲市今市町、安来は現・安来市安来町。

た。私が新政の初めに、莫大な費用も顧みず、まず第一にこの害を取り除くことは、全くこの困難を一掃するにある。立派《たては》の最初に、藩札を一時的に廃止したので、農民はにわかに融通に窮したこともあり、ここで川普請を起こし、一は水田の増加をはかり、一は工賃を得させて家族を養う費用とさせる」と反駁した。河川工事に賃金を支払っている点が、それまでの例と異なっている。

出雲地方は、安永七年六月～七月、天明二年（一七八二）五月～六月、同三年八月、同四年六月と相次いで洪水に見舞われていた。こうした状況下にあって、家老三谷権太夫長逵《ごんだゆうながみち》は、斐伊川の三歩一《さんぶいち》（現・簸川郡斐川町《ひかわ》三分市《さんぶいち》）の川違《かわたが》いを行うと共に、斐伊川の水が流れこむ湖水（宍道湖）を北の日本海へ直接流し、出雲郡ほかの沃野《よくや》・良田を救い、松江城下の水害を防ごうとした。

佐陀川が掘られた一帯は、もともと低地帯であった。東の講武方面を発した多《た》久《く》川（講武川）が南に折れ、西からの沓川と合流し、佐太神社の東側を流れ浜佐田の潟之内《かたのうち》に注ぎ込んでいた。潟之内は宍道湖に通じていた。

松江開府以来、佐陀川開鑿の計画は何度かあったようであるが、成功に導いたのは、清原太兵衛《きよはらたへえ》であった。太兵衛は農家の生まれで、初め藩士青沼六左衛門に仕えたが、土工と水利に明るいのを長逵に見出され、寛保二年（一七四二）松江藩に仕えた。御小人《おこびと》から次第に昇進して御徒《おかち》本格に進み普請方吟味役を兼ね、ついに士列に列せられた。太兵衛が事業に着手したのは、天明五年（一七八五）三

現在の佐陀川

月、七十四歳の時であった。

太兵衛の工事は、潟之内の湖水に繋がる部分の拡張をしたり、多久川を堰《せ》き止めたり、二本の川を繋いだり、新たな川を設けたりの難事業であった。日夜寝食を忘れて工事に当たったが、川開きの式典を目前にして病に倒れた。七十六歳であった。

佐陀川開通後、潟之内の堤防の両側に田地ができ、新しい川は船の通路となって便利になった。

清原太兵衛銅像（松江市鹿島町）

天明の大飢饉を経て、財政健全化へ

天明の大飢饉は、天明年間（一七八一～一七八九）に連続して発生した飢饉のことで、奥州を中心に全国に及んだ。

松江藩内でも、天候不順により、洪水をはじめとする被害が続き、年貢の収入が激減した。米価が暴騰し、天明三年（一七八三）秋の米一俵が四貫三〇〇匁となり、乞食が激増した。藩は、酒造を禁止し、酒蔵諸道具の封印を命令した。『松江市誌』には「滝川御用留」（詳細不明）の形で、同四年閏正月には、「麦が熟すまでを見積もって四月中に飢扶持★を渡すので貧賤者に受けさせなさい。また、時節柄、普請作事等もなくなれば、貧賤者は働く所がなく益々困難になる。普請

▼飢扶持
食糧がない人々に与える扶持米のことか。

等を行いたいと思う者は、大小に限らず遠慮なく取り掛かるようにしなさい。そうなれば、貧民も働くことができて、救いになる」とある。同六年も不作で、翌七年正月、藩邸の礼日に出席する藩士に対し、「元日一日ばかり熨斗目《のしめ》上下《かみしも》着用、二日より平服上下」と命じた。この年、一〇郡に殿《しま》り合わせ★の下知《げち》書が発せられた。翌八年正月、年始回礼には、近い親戚以外は回らないよう、執政同士の間で申し合わせたほどであった。

明和六年（一七六九）、幕府は公私領内で、百姓が徒党を組み強訴することを禁止していた。しかし、この凶作の結果、飯石郡三刀屋《みとや》（現・雲南市三刀屋町）と神門郡今市・大津で一揆が発生した。三刀屋の一揆は、下郡《したごおり》市兵衛宅へ押し寄せ居宅と諸道具を取り壊した。神門郡の一揆は、森広幾太が出府して、救済を訴え、ほどなく鎮圧。多くの入牢者や追放人を出した。

寛政二年（一七九〇）五月、幕府作事方破損奉行寺社修復方の近藤庄蔵が国内一〇郡を巡視し、その所見を家老三谷権太夫長達《ごんだゆうながみち》に述べている。★これは、「御立《おたて》派《は》政治」の初年から二十四年を過ぎた時点のもので、御立派政治の成功を認めているが、全体に暮らし向きが贅沢になっていることを問題にしている。「資質の優れた治郷公が親政に乗り出して引き締めを図るべきだ」と治郷への苦言を呈する意図で、長達へ極秘に出したものである。この報告は、天明の大飢饉の直後で

▼**殿り合わせ**
互いに生活諸般の倹約に努めること。

▼
「一　此度十郡相巡視候に付、民家之様子相考候処、以前と違ひ一体家造華美に相成候由相聞候、……高利之借銀を振替、未進等払切候ヶ所も出来候趣、難有御政事には御座候得共、米銭沢山に付人々米銭を軽く存候処より自然と奢之基と罷成候。……」、「一　御立派以後、御家中福有に相成候処より、追々奢侈之風に相成候……」、「一　世俗に申候者、時節宜布御国中一統衣食住之三つ共宜相成、万物高直に而も買手も有之、近年米直段下直に相成難儀仕候旨申候、是は甚心得違に而可有御座と奉存候、……」
（『松江市誌』より）

あるのに、贅沢な生活振りが目立ち、厳しい評価を松江藩にしたと思われる。

「出入捷覧」に見る松江藩の会計状況★は、大坂の蔵元からの借金を返済するまでの会計を端的に示している。以下、「出入捷覧」を分析した乾隆明氏の著述『松江藩の財政危機を救え』を参考に述べる。

グラフの上部に位置する破線は、田畠にかかる租税等を両に換算した収入の合計である。実線は、人件費・役所の経費・江戸屋敷や参勤交代・その他の行政経費の支出の合計である。この収入と支出を現代の用語で表現すれば、一般会計となる。支出が収入を上回る赤字の年もあるが、黒字の年もあり、バランスのとれた会計といえよう。朝日郷保が心がけた「入るを図って出るを制す」を守った結果であろう。天明年間までは、年貢増徴策《ぞうちょうさく》や米価高の影響で収入は緩やかな右肩上がりである。しかし、寛政中期から文化・文政にかけて次第に低下している。この時期は豊作が続き、三八万俵前後の年貢収入が四十年近く続いている。全国的に豊作で米価が下落し、両（貨幣の単位）への換算率が低くなった影響を読み取れる。「米価安《やす》の諸色《しょしき》★高《だか》」が幕府や諸藩の財務担当者を苦しめていた。文政後期から天保年間にかけての乱高下《らんこうげ》は、天保の大飢饉のために、年貢収入が減っているが、米価が高く換算率が高くなった結果と考えられる。

下のほうに低く推移している破線は、藩主とその家族及び使用人を含めた「奥向費用」である。治郷の購入した茶道具の支払いは、「奥向費用」の中の藩主の

▼会計状況
解析者安澤秀一氏作成のグラフに乾隆明氏が書き込みを行って作成したグラフ（一部筆者修正）。

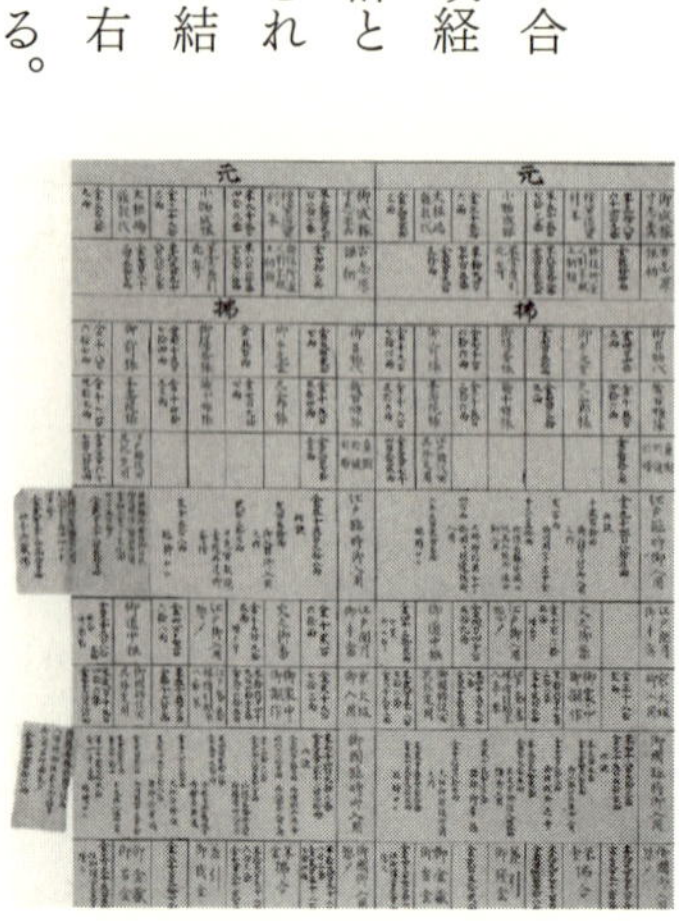

「出入捷覧」
（国文学研究資料館蔵）

▼諸色
物価。

「出入捷覧」に見る松江藩の会計状況

『松江藩の財政危機を救え』から転載（一部筆者修正）

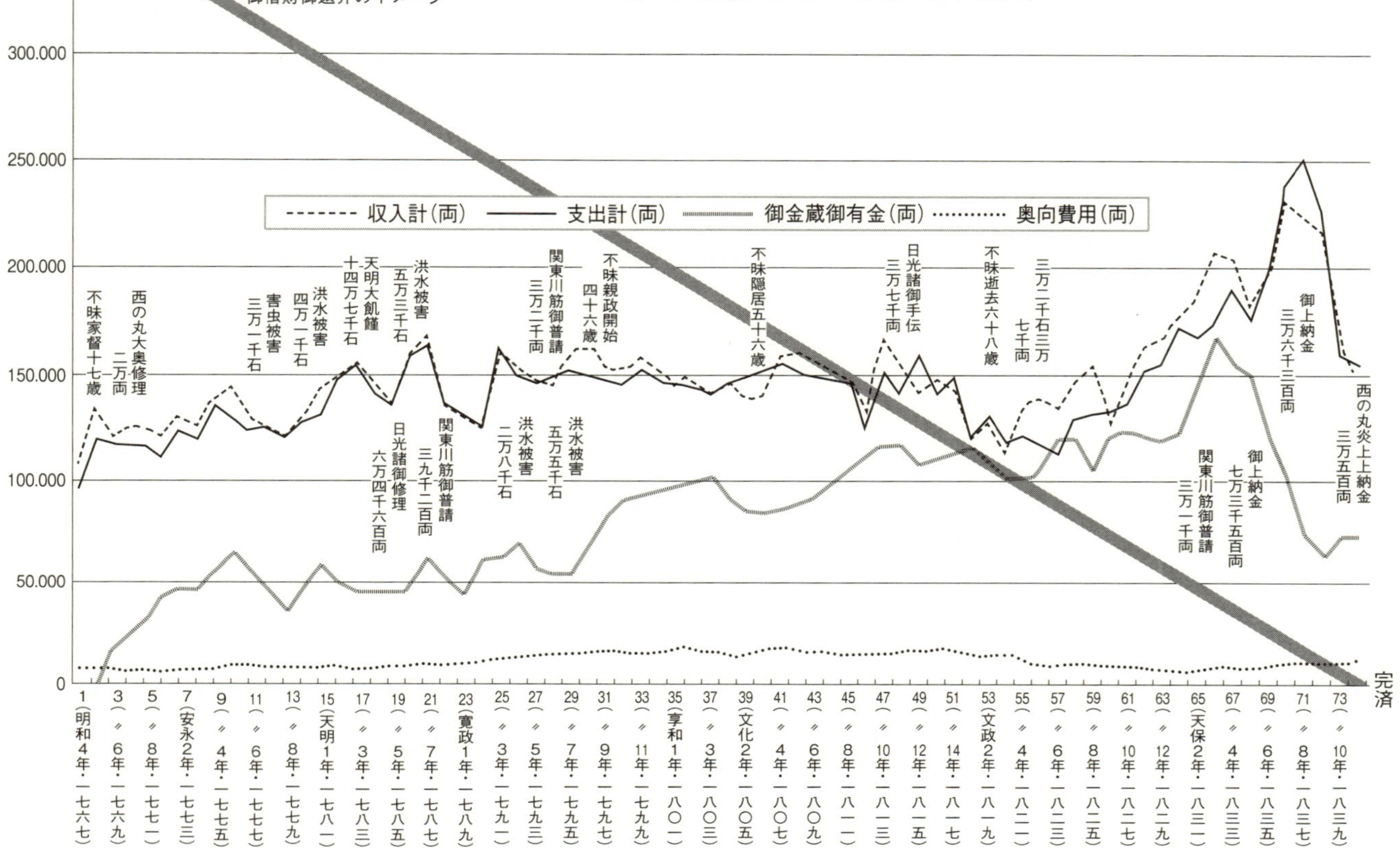

小遣いに当たる「お手元金」からの支出である。治郷は、茶道具を購入するに当たって、「購入金額」とは別に「位金」（相場）を記録している。これは品物の相場を示すもので、購入した金額は位金より低く、その差額が大きいのが特徴である。「茶道具に大金をつぎ込んで、国の財政を無茶苦茶にした」と言われたりしているが、これは根拠のない憶測といえよう。

中段で右肩上がりに推移している一点鎖線は、「御金蔵御有金《ごきんぞうおんありがね》」という特別会計「御蔵会計《おくら》」である。「木実方《きのみ》」「人参方」「釜甑方《ふそう》」など藩営産業が、専売制によって得た収入や、町方で盛んになった製造・運輸・流通・金融・交通などに課した「運上金《うんじょうきん》」「冥加金《みょうがきん》」が御蔵会計にあてられたのであろう。「御金蔵残《ごきんぞうざん》」とも書くので、収支残高ともとれるが、「出入捷覧」の解析をした安澤秀一氏は「不時の支出に備えて蓄積され、藩財政を円滑にするための準備金の性格を持っている」と説明している。グラフの「公役」を見ると、「日光諸堂修理六万四千六百両」（天明年間）、「関東川筋御普請三万九千二百両」（天明年間）など巨額の負担があるが、一般会計からは全額が支払われていないので御蔵会計から支出したと思われる。

左上から右に向かって下がる幅広の直線は、御借財御返弁のイメージである。「出入捷覧」の最後のページに「御借財御返弁高　明和四亥所務より天保十子所務迄　〆　金四拾九万弐千九拾五両」と書かれた小さい札が貼られている。長い年月をかけて借金を完済した喜びのようなものが伝わってくる。

仙台藩士の岡鹿門《おかろくもん》★が出雲を旅した時のことを書いた『在臆話記《ざいおくわき》』に興味深いことが書かれている。「平田に来ると、人家が密集し賑わっている。出雲では、いたるところの村里が繁盛している。他の国と大変違う」とある。平田（現・出雲市平田町）は、直江《なおえ》（現・簸川郡斐川町直江）・今市と共に、木綿市が開かれ、すでに明和七年には開設されていた。木綿は藩に利益をもたらす「国益《こくえき》」として、厳正な品質管理と流通規制が行われていた。鹿門はさらに、「松江湖水（宍道湖）の周囲に油桐を植え、実を採って蠟燭《ろうそく》を製造している。高燥地には人参を植えている。人参は中国（清）貿易の品で、藩の役人が管理し、殖産に力を入れ、雲藩を富ませている」、「長崎の人参貿易は、商人が扱っていたが、今は藩の役人が行っている。世間が夢にも知らぬ大金を、中国（清）から稼いでいる。今、列藩の利益をみるに松江藩が第一である」とも書いている。現在の島根県や松江市の財政では想像もつかないことである。

▼岡鹿門
昌平坂学問所で学んだ、幕末から明治にかけての学者。

治郷の親政

寛政八年（一七九六）、治郷は直捌《じきさばき》することを明らかにし、親政を始めた。これは、近藤庄蔵の報告にもあったように、一般の暮らし向きが贅沢になるなど、御立派政治の崩れが懸念されるようになったためであろう。

まず自らの膳部を節約し、奥向きの諸費を減らし、勤勉で倹約であることに努めた。七月九日、三谷長逵の家老職を免じ、三百石を加増してねぎらった。二十八日には、手書きで主だった者に対し、国のために心を一つに協力して、倹約に努めることを奨励した。翌日には、執政以下を対面所に集め、治郷の手書きを読み聞かせた。儒臣桃源蔵の『公私要録』によると、「今回の倹約令は、公役のためでなく、また凶年のせいでなく、ただ郷保の始めた立派の政治が崩れようとしているのを恐れ、治郷公自ら十万石の諸侯に等しい財政に甘んじようという方針であった」という。また朝日恒重の『秘書』には「長逵の政策が思わしくなくなってきたので、まず彼を罷免し、国政を刷新しようとしたことは、非常な英断であった」と記している。

治郷の政治は、質素倹約の緊縮経済を唱え、人心を萎縮させた松平定信の政治（寛政の改革）よりも、民間の活力を利用して産業振興をはかる政策をとった田《た》沼意次《ぬまおきつぐ》に近い。「白河の清きに魚の住みかねて昔の田沼いまぞ恋しき」と狂歌にもうたわれた定信。彼の失脚を待って親政に乗り出したとも考えられる。★

治郷の親政は、文化三年（一八〇六）三月の隠居にいたるまでのおよそ十年間であった。以下、その間の治世や産業などを取り上げてみよう。

▼『松江藩の財政危機を救え』による。

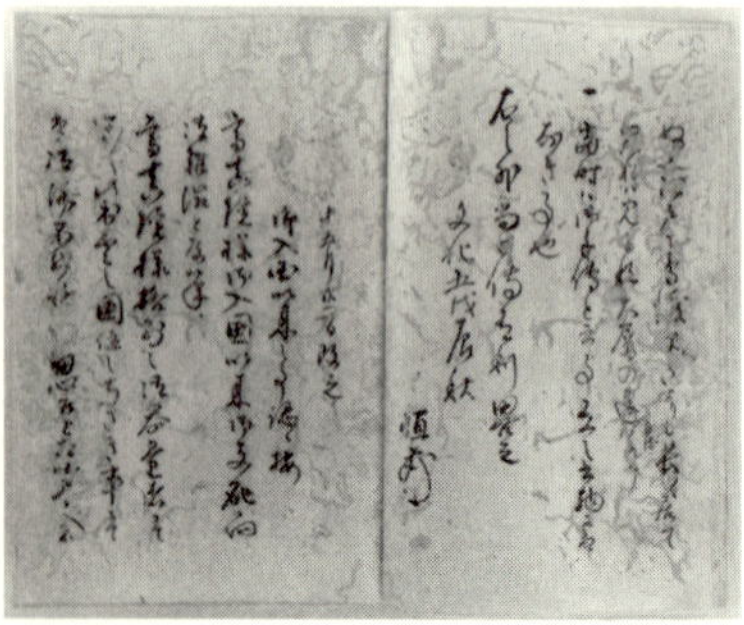
『秘書』
（松江市教育委員会提供）

軍備

寛政の初め、ロシア船が北辺に来航したので、寛政三年（一七九一）、幕府は異国船取扱令を出した。内容は、異国船が日本沿岸に来航した際には、船体・船員を抑留し、幕府の指示を仰ぐよう命じたものであった。

治郷は、沿岸の国防を重視して、同五年唐船番《とうせんばん》を沿岸に配置した。さらに、兵制を改革し唐船番隊を創設し、同年五月と翌六年十月に、城内でその予行演習を行った。同十一年になって、ようやく組織が整ったので、群臣に資金を給し、兵器の充実・修理をさせた。

配備の様子は、物見役・使番《つかいばん》に本役二人、雇い三人を置いた。これには、軍学の素養のある者を選んで配置した。海辺、台場、砲術方には合計七二人を配置した。唐船番の一番手に七七人、二番手に一三二人と、その配下を合わせた総勢六七〇人が、一番手、二番手の配属となった。一番手に儒者一人、祐筆一人が含まれているのが興味深い。異国船が来た時、儒者に来意を筆談させるためであった。

海岸の展望のきく所には遠見番所を設けて監視させた。もし、海上に異国船が現れたら、唐船番を召集して防備に当たらせ、一方、唐船番の下につく唐船番御手当郷夫六〇〇〇人を国内一〇郡に割り当て、必要であれば、各村の庄屋はこれを率いて出府し、命令を待つこととした。また、市内の酒屋で兵糧米の炊き出しをさせるなど、いろいろな準備を整えさせた。

薬用人参の栽培

一説★によると、出雲の国で初めて人参畑を開いたのは、意宇郡東津田村（現・松江市東津田町）で、安永二年（一七七三）のこと。その時に藩は、小村新蔵に人参畑御番を命じたという。またの一説は、かつて、江戸の青山藩邸にて、宗衍《むねのぶ》の命を受けた側役藤江八兵衛のもとで、新蔵が種人参を入手して試作したといわれているが、文献等で確認されていない。

安永三年、藩は松江城内「木苗方」で人参畑を起こし、ここに新蔵を転任させた。津田村の畑は伊原甚右衛門に任せたが、次第に不作となった。そのため、津田村の畑を「木苗方」に所属させ栽培に努めさせたが、格別の結果も出ず、寛政十一年（一七九九）に新蔵が病死したので、人参畑の事業は中断せざるを得なくなった。新蔵以外に栽培法を知らなかったためである。藩は、これを遺憾とし、新蔵の子茂重《もじゅう》に命じて栽培させたが、失敗に終わった。

そこで、茂重は、原産地日光に行ってその栽培法を習得しようと、文化元年（一八〇四）、江戸に出て藩邸にいたった。三月二十一日、治郷は参勤のため江戸に着いた。用人横田新兵衛が従っていたので、茂重は新兵衛に自分の決心を打ち明け、その添え状をもらい受けて、九月二十六日、日光にある松江藩の宿坊・実

▼『松平不昧伝』による。

▼「……二十七日朝四つ時ころに、実教院和尚様に御目にかかり、夫れより御国の人参作り方の次第御尋ねにつき、くわしく申し上げ候。御同院御側に、同所町人福田屋庄兵衛と申す者罷居り、これは先達て人参種世話仕り候仁と、御同院より御申しなられ、此仁、下地二三年以前前まで人参作り候えども、当時は相止め、外方へ名前遣わし申し候。右につき、この仁にくわしくお頼みくだされ、同日昼過ぎ時より御幸町家後ろにて、人参作り候を一見仕り、夫れより一里余り在に、所野村百姓団番と申す者大分人参作り候故……」

（『出雲国朝鮮人参史の研究』より）

教院に行き、住み込みの手伝いとなった。元来鋭敏で、多芸であったため、院主の寵愛を得た。開坊年忌の際、茂重は庭上の老松に手入れをして院主に誉められた。「お前の望むものは何でも叶えよう」との言葉に、茂重は人参培養の法を習得したいと望み、院主は福田屋庄兵衛を招くと、茂重の望みは叶えられることとなった。茂重が、江戸藩邸に宛ててその喜びを綴った手紙の断片と思われるものが残っている。★茂重はたちまちその栽培法を学び、さらに庄兵衛の紹介で、所《ところ》野《の》村の百姓団番という者について、実際の栽培法を習得した。茂重、志を遂げたのを喜び、機をみて帰国したいと思った。猿田彦命を信仰していたが、一夜夢で一匹の猿が枕頭に現れて、疾《と》く疾くと呼んだ。茂重、醒めて、これは猿田彦命の帰国を促す託宣であるとして、帰郷の希望を院主に伝えた。院主は、彼の旅立ちの宴を設け、種人参と生人参を贈った。同年十二月十九日、国に帰り、意宇郡古志原の地が日光の地質に似ていると判断し、試作したところ、翌年の春、よく発芽し、人参栽培の事業が松江で初めて成功した。

文化三年から多くの百姓にも習い作らせ、作高が増加するに及んで、同十三年他国へ売ることを江戸表に願い出て許され、三都・北国・長崎などで売り出した。のちに「木苗方」から「常平方」に移し、製法にも改善を加え、ついには日光産を凌駕し、清国人の嗜好に合い、巨額の利を得た。

茂重が、文化元年に帰国したのは、治郷の引退の二年前で、同三年に生産の拡

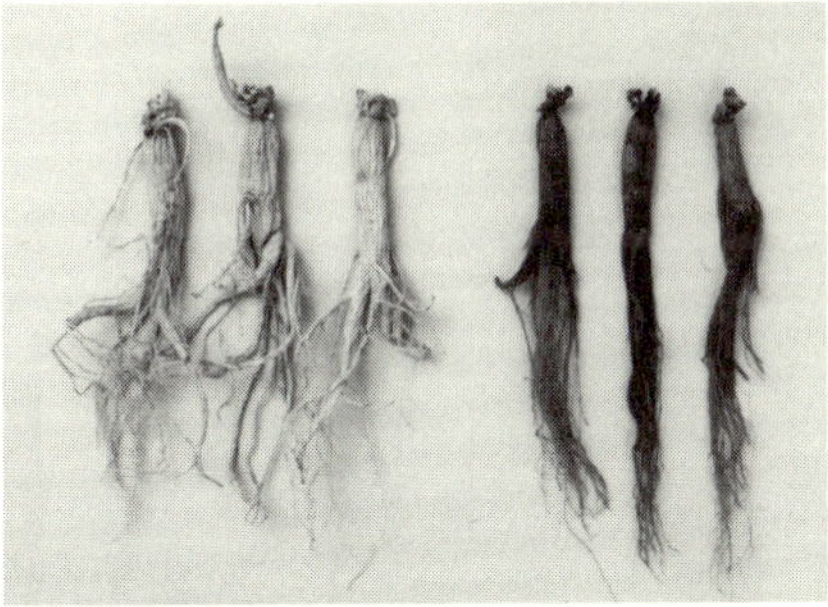

「御種人参」
生の人参を乾燥させた白参（はくさん）（左）と
蒸して乾燥させた紅参（こうさん）（右）

大根島の人参畑
現在は大根島（松江市八束町）に生産拠点
が移され、一大産地となっている

大をはかったのは、治郷の隠居の年である。人参栽培が盛んになり、巨利を得たのは次の斉恒《なりつね》の代で、その基礎は治郷によって築かれたことになる。

蠟燭の生産

いつのことかは分からないが、松江大橋架け替えの時に、美濃国の大工三右衛門が瀧川伝右衛門方に留まり、櫨《はぜ》の実から蠟《ろう》を取る方法を語った。これを聞いて伝右衛門は藩へ注進し、櫨の実を美濃国から取り寄せたのが蠟燭《ろうそく》生産の始まりという。「郷方古今覚書」によれば、元禄四年（一六九一）の頃、神門郡の山中に櫨の大木がたくさんあるのを発見したとも伝わる。また、石見《いわみ》には櫨の木が多いが、そこに近い一久保田村《ひとくぼた》（現・出雲市佐田町一窪田）に生蠟《きろう》方役所を設け、蠟を搾り始めたとの説もある。

宝永五年（一七〇八）、松江に細工所を設置し、藩命で各地の山と川土手に櫨を植えることを奨励し、生蠟を生産した。治郷の時代になって、この事業はいよいよ盛大になってきた。治郷と親交のあった薩州侯から、櫨の栽培、生蠟の製法等について伝授されたこともあり、ますます発達し、大いに国益となった。

木工芸

木工の名手に小林如泥《じょでい》がいた。本名は安左衛門といい、宝暦三年に松江白潟大工町で生まれた。先祖は、直政に従って信州松本から来た。如泥は酒を好んだ。『松平不昧伝』によると、治郷に従って他出した時、泥酔して武士に衝突し、危うく斬り捨てになるところであった。この時、治郷は「彼は泥土の如き物、請う、これを許せ」と言って救った。そのため、如泥の名を賜ったという。

如泥は、家具・調度品・建築をはじめ、あらゆる種類の木製品を手がけた。

ある時、諸大名登城の際、溜まりの間で、各大名の国自慢が花を咲かせた。秋田侯は「我が藩には大きな蕗《ふき》があり、雨が降れば四、五人が入れる傘となる」、すると薩州侯は「我が藩には大きな竹があり、これを筒切りにして、風呂桶とする」と。これに対し治郷は「我が藩には名工如泥あり、いかなる細工もする」と述べた。薩州侯は、治郷の自慢を聞いて「その名工、この瓢簞《ひょうたん》の中に紙を貼ることができるか」と問うた。負けん気の強い治郷は、言下に「できるとも」と応えた。薩州侯より瓢簞を受け取って持ち帰り、如泥を呼び出し、そのことを伝えた。如泥は、命を受け急いで帰国し、野白《のしら》（現・松江市之白町）の紙漉場《かみすきば》に持って行き、同形の瓢簞を多く集めて、その中に紙の種汁を注いで、よく振って乾かし、うまく紙を貼ることができたので治郷に見せた。治郷が疑ったので、こわして内部を示すと、その妙技に感服しつつも、他人の愛玩器を打ち破るとは申し訳ないことと叱責したが、如泥は、これは試しに作ったもので、薩州侯よりの預かり物はここにあります、と懐より出して返した。

小林如泥作「瓢簞楓透袋棚」
（島根県立美術館蔵）

以上の逸話も『松平不昧伝』の記載をもとに記述した。後世に取りまとめられた話で、信じ難い内容の伝説的な話を含むが、それだけ話題を残す名工であったと言えよう。如泥の作品は「菊桐文桐小箱」、「桐袖障子」（東京国立博物館）、「杉狐像」（松江城山稲荷神社）などがある。

お抱え力士・雷電為右衛門

治郷は、先代宗衍同様に相撲を好んだ。三の丸御殿の庭に土俵があった。松江藩には、真鶴・御崎川などの力士がいたが、幕下であった。そこで、治郷は、谷《たに》風《かぜ》・宮城野《みやぎの》・沖津風《おきつかぜ》・所縁《ゆかり》山など大物力士を抱えている仙台藩に頼み、一人を譲りうけた。のちに四股名《しこな》を柏戸と変えた所縁山であった。その後、天明八年（一七八八）に、伊勢ノ海部屋の谷風のもとで修行中の有望な青年・太郎吉を抱えることになった。柏戸の推挙であろう。

太郎吉は、信州小県《ちいさがた》郡大石村（現・長野県東御《とうみ》市）生まれであった。同年九月の「於江戸表四人扶持被下置、夫《それ》より御籠部屋罷越候処、三助様より金四十両親共江被下置候★」、十一月には「大石村名主嘉惣次、松公（松江藩主）の太郎吉召抱に対し、太郎吉の父半右衛門より承諾書を徴し、小諸《こもろ》会所に差し出す★」という記録から、力士を抱える手続きが分かる。三助様は、治郷の弟のことである。雷《らい》

▼「御水主（かこ）代々年数書」より。

▼「長岡家文書」参照。

電《でん》の四股名が許されたのもこの時であった。

松江藩では、御船屋《おふなや》の御水主《おかこ》（足軽）を命ぜられている。水主は船奉行の配下にあり、藩主の御座船《ござぶね》の水夫であった。切り米は、八石三人扶持で、特別の扱いを受けていたようだ。御船屋は、鍛冶町の東はずれ（現・松江市東本町）にあり、その中に水主の家もあった。水主たちには、水泳をはじめ弓・刀・鑓・相撲などの武術や漁労の技術、舟唄の稽古が課せられていた。

雷電が日記『諸国相撲控帳』を残しているのは興味深い。以下、その中から雷電の日常や思いを垣間見てみよう。

まず、寛政二年（一七九〇）の日記である。
一　この年（戌《いぬ》）の秋、江戸大相撲の土俵を勤めた。
場所は両国、本所回向院。大入り盛況であった。私も好調で小の川（横綱小野川）も投げた。この晴天十日間の本場所の取組で、（久留米藩お抱えの）友千鳥と小野川の一番は勝負預かりとなった。十二月十二日に場所を勤め終えた。

この場所は、雷電にとって初の大相撲であった。十日間の興行で、いきなり関脇での初場所であった。順調に勝ち進んだが、四日目に友千鳥との取り組みで、もつれた相撲の挙げ句、物言いがついて預かりとなった。八日目、横綱小野川との取り組みで、これも物言いがついて預かりとなった。この二番の他は順調に勝

雷電為右衛門錦絵
（松江市・片岡善良氏蔵）

『諸国相撲控帳』
（長野県東御市・関賢治氏蔵）

ち、八勝二預かりとなった。雷電の師匠横綱谷風は七勝一敗一分一休、小野川は六勝一敗一預かり二休という結果であった。土付かずで、初出場の雷電の優勝となった。

治郷との関係も覗いてみよう。

一　寛政九年（巳《み》）、春の大相撲江戸本場所を勤めた。

五月二日、江戸を出立し国許へ二十三日に帰ったが、それから、お殿様（治郷）が病気で伏せっておられたので、お慰めのためにたびたび稽古を披露申し上げた。お殿様は、八月二十日まで稽古をご覧あそばされた。ご容態もよくなられたので、相撲衆は江戸に向かうことを仰せ付けられ、八月二十八日に出立した。

松江で病気になった治郷が、相撲を見たいとのことで、江戸から呼び戻されたのであろう。御殿内の土俵で稽古相撲をしたと思われる。

これより前の寛政四年、雷電は治郷に付き従って松江に帰る。三月二十四日に始まった、神田明神境内での春の本場所を休むことになった。柏戸（小結）・真鶴改め稲妻（十両）ら雲州抱えの力士に加えて、久留米藩抱えの小野川（横綱）・九紋竜（小結）・鷲ヶ浜（前頭）・磐井川（同）、伊予藩抱えの陣幕（関脇）が帰藩し、人気力士が欠場したため、興行主は大変であった。

雷電の日記は、淡々と書かれ個人的な生活を知ることはできない。小野川を投

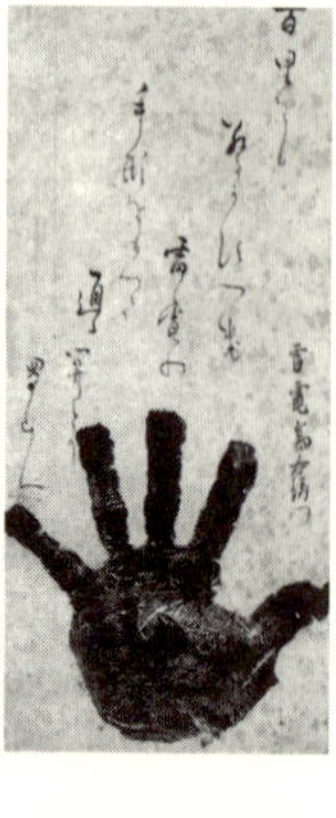

雷電手形
手の長さは二三・六センチメートルある。蜀山人（大田南畝）の狂歌「百里をもおどろかすべき雷電の手形をもって通る関とり」が添え書きされている。（松江市・月照寺蔵）

げて勝ったのに、物言いがついたという思いがかすかにみえる程度である。個人的な感情はもちろん、私事にわたることは極力抑えて書かれている。松江藩では、軽輩とはいえ武士の扱いを受けているので、自分の不用意な言動で藩に対して迷惑を及ぼすことを恐れたのであろうか。興行の収入などは細かく記録されている。几帳面な性格の持ち主であったようだ。

　当時の相撲取りは、読み書きはおろか、自分の名前も書けなかった人が多かったといわれているが、雷電は達筆で文章もよくまとまっている。足掛け二十七年にわたって巡業日誌を綴ったことは驚きである。二十一年間（三五場所）の取り組みで、総取り組み二八五、勝ち二五四、負け一〇、引き分け二、預かり一四、無勝負★五、休み三〇で勝率九六・二パーセントであったという。優勝は二七を数える。

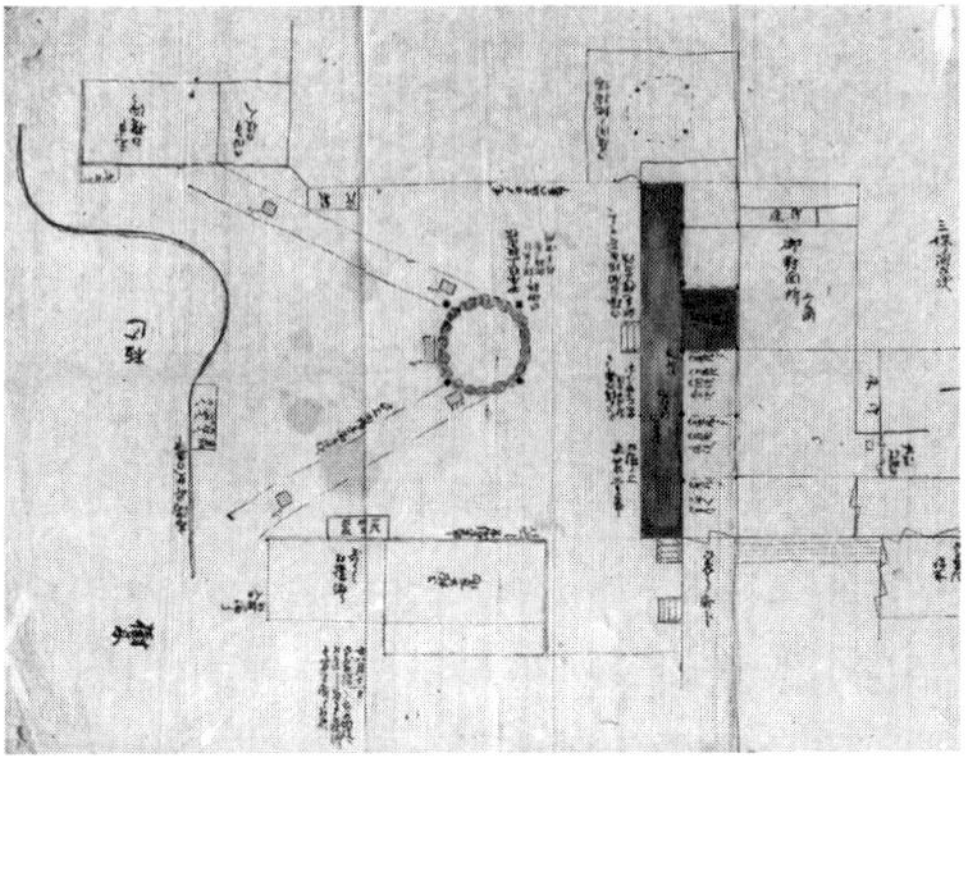

「他国相撲御覧場図」（部分）
松江城三の丸御殿内、藩主の観覧席は正面で、赤い毛氈が敷かれていた（個人蔵）

▼無勝負
当時の裁定で、「勝負なし」のこと。

③ お茶の殿様「不昧」公

治郷は隠居後、不昧と号し、江戸郊外・大崎に広大な下屋敷を求め、茶道三昧の日々を過ごした。
茶会には当代きっての人物を招き、不昧は茶道と禅が「不即不離」であると達観する。
文化財保護の先駆者でもあった不昧が開いた不昧流は、現在でも多くの人に愛好されている。

大崎下屋敷入り

治郷は、文化三年（一八〇六）三月に隠居して、「不昧《ふまい》」と号した。江戸で悠々自適、禅と茶の世界に暮らすことになる。

隠居後に二度、出雲の玉造温泉入湯のため帰国したのを含め、生涯二一度、出雲へお国入りしており、歴代藩主の中で最も多く帰藩している。領国のことを熟知し、改革に取り組み、殖産興業に努めたことがよく分かる。死没二年前にも帰国しているが、この時は、旧臣と再会し、旧事を談じ、政務を語り、演武場で諸臣の武技を見るなどしたという。

不昧は、引退の三年前、享和三年（一八〇三）に相対替《あいたいがえ》★で入手した江戸の大崎下屋敷（現・品川区北品川五丁目）に移った。大崎下屋敷を手に入れるための不昧

松平不昧肖像画（部分）
（松江市・月照寺蔵）

▼相対替
拝領地（屋敷）どうしの交換で、現在の用語では等価交換に当たる。

の執念は並のものではなかった。
まず、享和三年に、寛政十年に拝領した戸越《とごし》村下屋敷（三五二五坪）を手放して出羽国上山藩松平家の拝領屋敷（八四三七坪）と相対替した。次いで文化五年（一八〇八）に、四谷仲町の拝領屋敷（五〇〇坪）と旗本大久保家の大崎拝領下屋敷（三五四五坪）とを相対替した。しかし、これについては、「出入捷覧」の同年の部分に「大崎御隣屋敷、四ツ谷御中屋敷ト御替地御間金其外……九百八両」とある。どうも、「等価交換」は建前であったようだ。文化八年、残る上総国飯野藩保科家の拝領下屋敷（三〇〇〇坪）を得るため、四者五カ所の相対替を行い、赤坂御門外の拝領下屋敷を一〇〇〇坪・三〇〇坪と切り離して交換した。次々と得た拝領地の北西に接する土地を抱地《かかえち》★として囲い込むことで、大崎の下屋敷が完成した。

苦心して得た広大な屋敷地には、不昧の夢が込められているようだ。「大崎屋敷分間惣御絵図面」を見ると、西（図上部）から北（図右側）にかけての高台部分に、回遊式の庭園がつくられ、茶室（御茶屋）が点在している。園内の茶室は一一カ所に置かれ、それぞれ松瞑・為楽庵・簇々閣・窺原・眠雲・富士見台・一方庵・清水茶屋・独楽庵・紅葉台・利休堂と名づけられていた。そのうち、独楽庵は千利休が京都の宇治田原につくった茶室で、大坂から移築させている。不昧は特に独楽庵・為楽庵を愛したという。

▼抱地
買い取った土地。

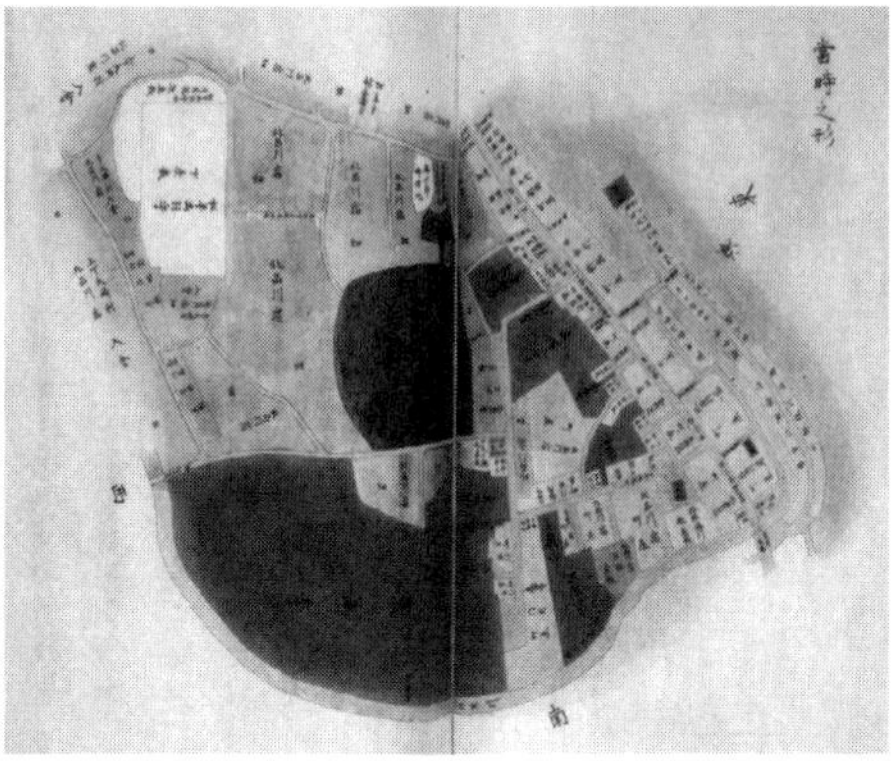
不昧没後約三十年の松江藩松平家大崎下屋敷
（東京都公文書蔵）

不昧は、寛政九年（一七九七）から没前年の文化十四年（一八一七）にいたる二十一年間に、二〇〇回前後の茶会を催している。年平均約二〇回ということになる。参席した人物を記した「茶友禄」に、諸侯・茶人・俳人・骨董商人の名がある。不昧自らが客人を招待し、小姓が手伝いをする程度であった。懐石料理も自ら給仕し、かつ、自らは食事を共にしないと決めていた。茶道・禅を談ずることがあるのも、決して世俗の雑事に流されないようにするための定めであった。また、文化三年から十四年にかけて行われた茶会の記録「大崎茶屋懐石記」には、茶室・道具・客の名前が記されている。

『松平不昧伝』に、嘉永六年（一八五三）六月のペリー来航に慌てふためいた幕府は、江川太郎左衛門英龍の提案で、品川沖に台場を築くため、この屋敷地を公収して陣屋にし、数多《あまた》の茶室をこわし、庭石は台場を築くのに使用したとある。せっかくの庭園をこわしたことに対し、強烈な皮肉が込められているようだ。しかし、今に残された切絵図には、同年十月に、屋敷地は鳥取藩池田家が拝領し同家の下屋敷にし、抱地部分はそのまま松江藩松平家のものとして載っている。池田家の「大崎下屋敷絵図」を見ると、御殿部分と長屋部分は、松平家の時とほぼ同じであるが、茶室は取り払われている。確かに、品川台場は築かれた。徳川将軍家の「品川御殿」に由来する桜の名所「御殿山《ごてんやま》」の北半分は台場の土取り場となっている。土取り場と池田家下屋敷は近い。下屋敷から庭石のみを運び出したのだろうか。ちょっと信じ難い。品川歴史館解説シートには、「建造資材の杭木（松・杉）は関東地方の御林《おはやし》で調達し、石材は相模・伊豆・駿河から海上で輸送し、土砂は品川御殿山、高輪今治《たかなわいまばり》藩下屋敷、泉岳寺《せんがくじ》の山を切り崩して運び……」とある。実際にはどのような移り変わりがあったのであろうか。

禅と茶道、そして雲州名物

話は遡るが、不昧十九歳の時、江戸麻布天真寺《てんしんじ》にある初代藩主直政夫人と三代藩主綱近夫人の墓にたびたび参詣するうち、大巓宗碩《だいてんそうせき》和尚と親しくなり、ついに師事して禅の道に入った。六年で大悟徹底★したという。不昧の号は、大巓宗碩和尚の命名によると伝えられる。

大きな円の中に「不昧」の二字を書いた書がある。不昧筆「円相」といわれている。『天真寺の文化財★』に「上部に松平不昧の禅学修行の過程とその見解を説いた賛がある。これによって不昧と禅、不昧と大巓和尚の関係が明らかにされる。賛文の内容は、数年の間、不昧は円相の公案に思い悩み、やがて豁然として一事を悟り、茶の根本は禅にあり、禅を修めなくば、真に茶を行うに非ずという、いわゆる茶禅一味の境地に達したことを示している。東陽和尚★の箱書により文化十四年（一八一七）不昧六十六歳の筆蹟であることが知れる」とある。

大巓宗碩和尚頂相（部分）
（東京都・天真寺蔵／同・港区立港郷土資料館提供）

▼**大悟徹底**
悟りきること。

▼**『天真寺の文化財』**
本堂落慶記念の冊子。

▼**東陽和尚**
東陽宗冕（そうべん）・大巓和尚の法嗣。

天真寺には、不昧の残した書状も数々ある。そのうちの一点を紹介しよう。東陽和尚に宛てたもので、不昧筆「円相」に関してのものである。「円相」の中に不昧と書くことに躊躇したらしく、和尚の指示を仰いでいるのが興味深い。この「円相賛」の書状は、茶禅一味の境地を表している。

文化十三年（一八一六）に書かれた、斉恒《なりつね》宛の遺書に「……（自分は）若い時より茶を好み、茶禅一味であることをわきまえた。世に数寄者《すきもの》ありというが、道を心得ていない。茶を好むのみで、道は俗人の評判するものではなく、禅坊主といっても、禅とは何のことか知らない者が多い」とあり、具体的な表現で、不昧の茶道は、禅と不即不離のものであることを示している。

不昧は、幼少の頃、家老の有澤能登弌通に石州流茶道の手ほどきを受けたのが、茶の道のはじめであった。その後、実に多彩な人物と交流し、茶の湯の研鑽を重ね、ついには独自の茶道観にいたっている。

雲州名物と言われる茶道名器類は、不昧がその生涯をかけて蒐集《しゅうしゅう》し愛玩したものである。不昧が本格的に名器を集め始めたのは、安永三年（一七七四）である。天明四年（一七八四）の書状によると、老中田沼意次《たぬまおきつぐ》の失脚による田沼蔵品の放出、江戸の豪商冬木の倒産があり、全国的な天候の不順により、諸名家からの放出品が多かった。不昧は、このチャンスを逃すことなく、名品を購入したのであった。この頃の松江藩の会計状況がかなり好転していたのは、すでに述べた。

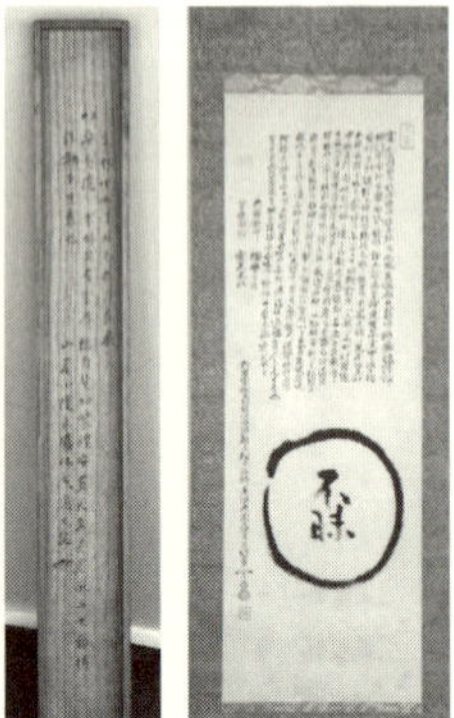

不昧筆円相図（右）と箱書
（東京都・天真寺蔵／同・港区立港郷土資料館提供）

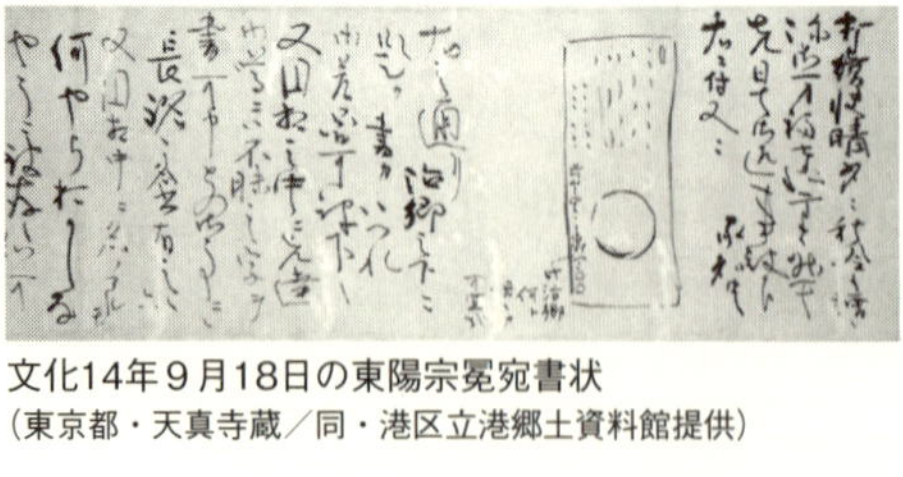

文化14年９月18日の東陽宗冕宛書状
（東京都・天真寺蔵／同・港区立港郷土資料館提供）

宝物の筆頭に位する茶入れ「油屋肩衝《あぶらやかたつき》」（重要文化財・下図）は、位金（相場）一万両を一五〇〇両で入手し、「圜悟克勤墨蹟《えんごこくごんぼくせき》」★（国宝）は一〇〇〇両に年々米三〇表を永代寄付の約束で堺の祥雲寺から譲り受けている。参勤交代の時は、この二品と他の二品をそれぞれ特製の笈櫃《おいびつ》に収納し、侍臣二名が背負って、常に自分の輿に随伴させた。それほど、大切にしていた。

不昧は、長年かけて蒐集した茶道名器類を斉恒に譲ることにし、自筆の「道具帳」を書いた。これが「雲州蔵帳《うんしゅうくらちょう》」と称され、現在流布しているものである。所蔵品を「宝物」、「大名物」、「中興名物」、「名物並」、「上之部」、「中之部」、「下の部」の七段階に分類している。斉恒に与えた譲り状に、「宝物より上之部道具に至る品々相譲申候、孫々まで申伝え一種も他へ出されまじき者也」とある。譲り状を渡しても、大崎の屋敷の七棟の宝蔵に納めたままであった。毎年十月の好日に、数点ずつ蔵から出して曝涼《ばくりょう》することによって、器物を観察したり、手入れをしたりした。まさに、今日で言う文化財保護の先駆者である。現在、国宝となっている白糸威大鎧《しろいとおどしおおよろい》（出雲市大社町・日御碕神社蔵）も、文化二年、不昧の手によって周到な修理が行われている。

「油屋肩衝」
（東京都・畠山記念館蔵）

▼「圜悟克勤墨蹟」
中国宋代の禅僧圜悟克勤（一〇六三〜一一三五）が、その弟子虎丘紹隆（くきゅうじょうりゅう）に与えた印可状の前半である。末尾には宣和六年（一一二四）十二月とあったが、伊達政宗の所望で古田織部によって分割され、後半が伊達家に渡ったと伝えられている。現存最古の墨跡である。禅がインドから中国に渡り、宋代に及んで分派した経緯を述べ、禅の精神を説く。薩摩国坊ノ津海岸に漂着したとの伝承から「流れ圜悟」の異称もある。

これも松江

お国自慢

これぞ松江の酒

李白　純米吟醸・超特選

李白酒造(有)
TEL0852-26-5555

豊の秋　大吟醸

米田酒造(株)
TEL0852-22-3232

國暉　上撰

國暉酒造(有)
TEL0852-25-0123

王祿　超辛純米無濾過生詰

王祿酒造(有)
TEL0852-52-2010

金鳳　上撰

金鳳酒造(有)
TEL0854-27-0111

月山　純米酒

吉田酒造(株)
TEL0854-32-2258

ほろ酔　上撰

青砥酒造(株)
TEL0854-36-0006

美波太平洋　純米酒

木次酒造(株)
TEL0854-42-0072

仁多米　純米酒

奥出雲酒造(株)
TEL0854-57-0888

簸上正宗　大吟醸玉鋼

簸上清酒(名)
TEL0854-52-1331

出雲誉　上撰

(株)竹下本店
TEL0854-62-0008

旭日五百万石　純米酒

旭日酒造(有)
TEL0853-21-0039

天穏　純米大吟醸

板倉酒造(有)
TEL0853-21-0434

ヤマサン正宗　純米大吟醸50％

(株)酒持田本店
TEL0853-62-2023

八千矛　上撰

古川酒造(有)
TEL0853-53-2027

出雲富士　上撰

富士酒造(資)
TEL0853-21-1510

隠岐誉　上撰

隠岐酒造(株)
TEL08512-2-1111

第四章 幕末から明治にかけての苦渋

開明的な藩主が出現するも、維新後は新政府への対応に悩む。

◇1
文化・文政の爛熟期

斉貴は西洋文化を積極的に取り入れる開明的な藩主であった。しかし、天保の頃から行状が悪くなったので、藩主を廃し新たに広瀬藩主を迎えようとする動きが一部に起こった。この動きは、公にならなかったが、津山藩から養子をとり、本人は辞任することになった。

斉恒の治世

治郷が、文化三年（一八〇六）三月十一日に引退し、出雲守斉恒《なりつね》が十六歳で襲封し、出羽守となった。

朝日丹波保定《やすさだ》★が後見役となり、旧令を遵守することを宣した。

文化五年二月十一日、城下の茶町（宍道湖北岸の町家）より火災が発生し、類焼一八〇六戸に達する「未次の大火」となった。斉恒は在国中で、三日間にわたって、罹災民に食を与えたという。

同六年、異国船が隠岐近海に出没との報告を受けたので、兵を派遣して防衛させた。駐留は二年間に及んだ。

同八年、「人参方《にんじんかた》」を設置し役所兼人参製造場とした。当初は「木苗方」に属

松平斉恒肖像画（部分）
（松江市・月照寺蔵）

▼朝日丹波保定
郷保の子。恒重のちに保定と称した。

していたが、同十四年から「常平方」付属となり、この前年頃から、他国で販売するようになっていた。かつて、畑数は一八〇くらいであったが、約五〇〇の畑で増産し、大坂に人参売支配人を置き、そこから長崎へ回すようになった。

文化十一年に日光山修造、文政四年（一八二一）に関東諸川の修理が、幕府から公役《くやく》として課せられた。この時は、藩士の減禄を行った。公役に多額の費用を要した上に、文化十年に斉恒が姫路藩主酒井雅楽頭忠道の娘英姫との結婚に要した費用が膨大なものであったからである。

斉恒の治世は、徳川家斉が将軍の時であり、寛政九年（一七九七）、松平定信失脚後は、緊張した政治は緩み、文化・文政の文化の爛熟《らんじゅく》期となり、奢侈の風がただよっていた。

藩内でも同様の風であったようで、町奉行朝比奈猪兵衛・高木権平が町人を戒めている。文化十四年八月三十日、朝比奈宅に、大年寄・大目代《おおもくだい》・町年寄及び目《め》見《みえ》町人らを集め、両奉行が列座し、「このたび、郷町へ仰せ付けられた殿《しま》り合いの件について、委細を読み聞かせるから、みんなよく聞くべし」として次のような内容を示した。「町人は近年分限を忘れ、あらゆることにうわべを飾り、役に立たない雑費が多い……いよいよ見てくれを飾り、自然と恥を忘れ、誠実でない者が多く……すべてが奢侈の体《てい》である……よくない風俗である。よって、このたび、右の通り申し渡す」――申し渡した内容は細かなもので、下着の布地とか婚

今に伝わる人参方の門（明治時代、松江市寺町）

人参方の千両箱（松江市蔵）

礼の時の櫛簪《かんざし》類についても言及している。いつの時代でも同じことのようで、あまり効力のないことであった。

江戸で奇人振りを発揮し、有名になった松江藩士萩野喜内《はぎのきない》（自称天愚孔平《てんぐこうへい》）が、この年に生涯を閉じている。天愚孔平については、別項目にて詳述する。

伊能忠敬の測量

斉恒の治世下、伊能忠敬《いのうただたか》が出雲国に来たのは、文化三年（一八〇六）六月と同八年閏二月と十一月から十二月の三回であった。いずれも、測量のためである。

測量は、海岸や道沿いに距離と、曲がり角での方位を測りながら進むという方法であった。具体的には、道沿いに杭を打ち、そこに「梵天《ぼんてん》」という目印を置き、その間の距離を測って進む。各「梵天」の位置で進行方向への方位と角度を測り、その数値を紙の上に点で落とし繋げば、地図となる。これを「道線法」という。距離測定には量程車（次頁下図）または鉄鎖・麻縄他を、方位等の測定には測蝕定分儀・小方儀他を用いた。カーブが多くなるほど測点が多くなり、進んだ先での誤差が大きくなる恐れがある。このような誤差を防ぐため、遠くの山や島を目指して「梵天」から角度を測る。これを「交会法」という。図化に当たって、道線法で測定した内容を紙上に点で落とす時、交会法で測った角度の方向に「梵

鎌掛村《かいがけ》（滋賀県日野町）の「測量風景素描画」測量作業に協力する人々の個々の動きを描いている。札差鶯持ちは、帳付が持っているデータを書き込んだ手札を集める役（鎌掛公民館文化部『鎌掛村誌』）

天」から直線を引けば、すべての線は、遠くの山や島の位置で交わる。交わらない線があれば、その点における測量の誤差を示すのである。忠敬は病のため断念したが、一行は隠岐島まで渡り測量を行った。遠く離れた島の位置が正確に描かれているのは、このような方法が採用されていたからである。

また、天文観測による補正を行い、「伊能図」独自の正確さを導き出している。各地点から恒星の高度を記録し、各地点における数値によって、その緯度を測定したのである。

忠敬は事前に、関係機関へ準備を依頼し、人足・馬・長持一棹《さお》と持人足など、ほしいものを要求している。また、一行の人数やコースを説明し、宿舎の手配や、案内人が村々の絵図面を持参することなども、求めている。

一回目は、六月八日に浜田に着き、数日滞在の上、石見から出雲に入り、十八日に松江に着いた。二十三日、美保関から船を出して隠岐《おき》へ向かったが、風向きが悪く伯耆《ほうき》国赤碕《あかさき》村★の小港に入った。忠敬は病気にかかりひどくなったので、一行と別れ松江で療養した。一行は、隠岐知夫里《ちぶり》★から諸島を測量し、美保関に戻って島根半島の北岸と宍道湖沿岸を測量した。八月四日、松江に帰着し忠敬と再会した。忠敬の病気が軽くなったので、七日に一行は松江を出発して山陰海岸を東進し、九月四日に宮津★へ入った頃、忠敬の病は全快した。江戸に帰ったのは、十一月十五日であった。

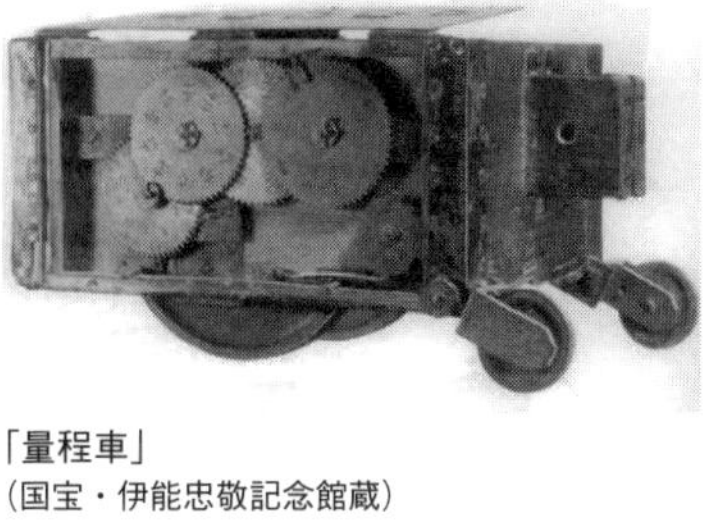

「量程車」
（国宝・伊能忠敬記念館蔵）

▼**赤碕村**
現・鳥取県東伯郡赤碕町。

▼**隠岐知夫里**
現・隠岐郡知夫村。

▼**宮津**
現・京都府宮津市。

三回目は、中国地方山間部で測量が行われている。

交会法で測った結果を表にした「山島方位記《さんとうほういき》」を解析すると、今でも、その測量地点を求められる。忠敬は松江で、宿舎からも測量を行った。現在の経度と緯度を割り出し、当時の地磁気偏角《へんかく》を勘案して、その測量した場所を特定することができる。「山島方位記」に「松江城下詰宿《つめやど》・京屋灘座敷《なだざしき》より測量」として大山《だいせん》・京羅木山《きょうらぎさん》・茶臼《ちゃうす》山・星上《ほしかみ》山・三瓶《さんべ》山・大黒《だいこく》山などへの方位の記録がある。この方位を逆に辿れば、測量地点を求めることができる。また、松江城下末次での測量結果は、「北極出地三十五度廿七分半」とあり、北緯三五度二七分三〇秒（日本測地系★）に当たる。国土地理院発行の二万五千分の一の地形図を見た限りでは、ほぼ間違いないようにみえる。

一回目と三回目の測量には、藩としても随分協力したようである。

斉貴の治世

文政五年（一八二二）三月二十一日、松平家八代藩主斉恒は三十二歳で死去し、長子鶴太郎が八歳で襲封した。鶴太郎は、幼少の頃虚弱であったため、老臣たちは心配して、斉恒の喪を隠し、津山藩主松平斉孝《なりたか》の第二子駒次郎を迎えたほどである。

▼日本測地系
明治期に定められた基準点による測地系で、平成十四年（二〇〇二）以前の旧日本測地系のこと。現在は世界の基準に従っている。

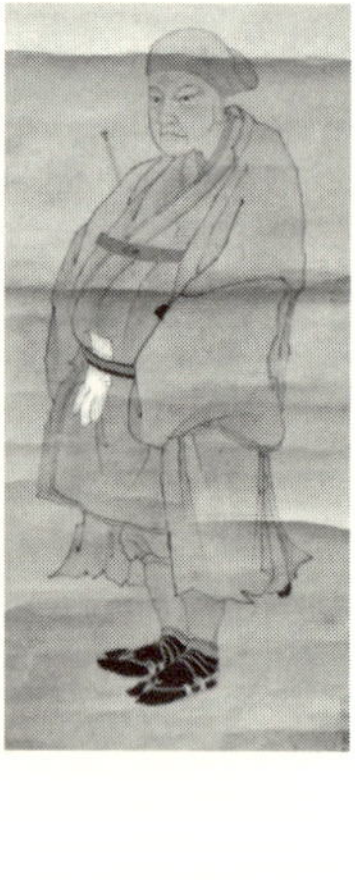
松平斉貴像
（島根県立図書館蔵）

襲封の初めに鶴太郎は直貴《なおたけ(か)》と改め、遺命によって家老塩見小兵衛が後見役となった。小兵衛は年老いていたので、御前でも杖を用いることが許されていた。厳粛で質実、節約家で適切な人選であったが、翌年六月に病没した。世人皆がその人を惜しんだ。代わって朝日丹波重邦が後見となった。

同八年十二月、藩主が幼いため、幕府は目付赤松左衛門、瀧川源作を出雲に派遣し、国政を監督させた。

直貴は、同九年二月二十五日、十二歳で元服し、将軍家斉《いえなり》の「斉」一字を与えられ斉貴《なりたけ(か)》★と名乗った。

文政九年に発生した洪水で、大原郡木次町★で人家八〇軒、溺死者一六〇人の被害を被った。そこで、藩は天保二年（一八三一）二月十六日、新川《しんかわ》開鑿の触れを発して、工事に取り掛かった。出雲《しゅっとう》郡出西《しゅっさい》村から下荘原《しもしょうばら》村（共に現・簸川郡斐川町）にいたり、宍道湖に流そうというものであった。長さ二里半、幅は上流で九五間、中流六三間、下流一三五間であった。翌三年二月に竣工した。

この工事に要した延べ人夫は、一年目に三一万二〇〇〇人、二年目に二五万三五〇〇人の計五六万五五〇〇人である。この工事で家・田畠を失った者たちに対して、代替地と救助金二万貫を与えた。工事竣工後の二月八日には、斉貴も実地検分し、深く賞嘆したという。新田を形成し、藩の収入も増加したが、のちには、川底に砂が溜まって排水の効率が悪くなり、ついに昭和に入ってから廃川となっ

鷹を手にした松平斉貴（斉斎）
（松江市・月照寺蔵）

▼斉貴
隠居後、斉斎（なりとき）と改めた。

▼木次町
現・雲南市木次町。

た。

天保五年三月五日、朝日貴邦（重邦）が病のため、後見を辞した。斉貴は、朝日氏が郷保・保定（恒重）・貴邦と三代続いて国政に当たり、その功労が大きかったとして翌年八月に賞して三百石を加増している。郷保は一千石であったが、たびたびの加増で、三千八百石となった。

同五年八月、斉貴は幕府に上書して、「昨四年関東北国米穀登らず、本年府内大火あり、また紅葉山遷宮遷座があると聞きました。祖先の宿志をつぎ、金六万両を献じ、微意★を表します」と上書した。幕府は、翌六年二月に刀を下賜してこれを賞し、三月十五日に鹵簿《ろぼ》（行列）に眉尖刀《びせんとう》（薙刀《なぎなた》）を用いることを許した。同七年、家斉が将軍職を家慶《いえよし》に譲るため多額の費用を要することを知り、三万両の献上を請うて献じた。幕府は八月に鞍鐙《くらあぶみ》を賜い、賞した。同九年にも三万両を献じて、斉貴は少将に任じられた。二十四歳とまだ若かった。

同八年二月十六日、斉貴二十三歳で佐賀藩主鍋島斉直《なりなお》の娘充姫《みち》（林昌院）と結婚した。この月二十二日に大塩平八郎の乱があった。大坂城代の土井大炊頭利位《としつら》が、松江藩邸に援助を求めた。留守居の大野丹助が弓・銃手を率いて赴き、米蔵と町奉行の屋敷を守り、翌日、乱は平定された。

▼微意
ささやかな気持ち、志。

上洛の行列

弘化四年（一八四七）九月二日、斉貴は江戸を発ち、同月十七日に京都に着いた。孝明《こうめい》天皇即位の大礼に当たり、将軍家慶《いえよし》の名代《みょうだい》としての上洛であった。宗衍上洛の例によった。

二十三日、大礼当日に入朝し奉賀した。奉賀に関しては、その時の行列の絵図が残されている。斉貴は、同月末に京都を発ち、十月十二日に江戸に帰着した。二十一日、幕府に呼ばれ、勅答を奉り、老中が命を伝え、聖旨《せいし》に従って従四位上に叙せられた。

上洛の行列絵図は、「雲州公御上京御行列」と「松平斉貴上洛絵巻」の二点がある。前者は、三巻が伝えられ、合わせた総延長は三二メートルに及ぶ。彩色されているが、極めて淡彩《たんさい》のものである。後者は、全五巻で、総延長は一〇一メートル六六センチに及ぶ。これも淡彩であるが、多色で鮮やかに細かく描かれた見栄えのする絵巻である。両図柄は同じであり、前者は下絵、後者は完成版であることが分かる。

描かれた人物は一七六七人、馬は六一頭にのぼり、この図から実際の行列の長さは二キロメートル近くになると推定されている。将軍の名代であるため、参勤

「松平斉貴上洛絵巻」（部分）
（松江市蔵）

交代とは格段の違いがある。この行列について書かれた瓦版《かわらばん》★には、行列の絵と共に家老の乙部九郎兵衛を筆頭に数十人の名前が書き込まれている。また、行列は幕府の役人・重臣も多数加わり「総勢一万人余」とある。藩主の駕籠は、大勢の藩士に取り囲まれている。前後二人ずつの六尺《ろくしゃく》（担ぎ手）とその後ろに手替（交代要員）が、その両側と後ろを取り囲むように、多くの藩士が警護している。警護の目が届きにくい後ろに多く集まっているのが特徴といわれている。行列図の最後尾には、江戸藩邸上屋敷の門が描かれている。

▼行列について書かれた瓦版
島根県立古代出雲歴史博物館蔵。

江戸での生活、鷹狩り

斉貴は、曾祖父宗衍《むねのぶ》のように、江戸での生活が多かった。

『松江市誌』によると、黒川卓郎氏の記録として、弘化二年（一八四五）九月、斉貴は幕府に請い、城東砂村新田（現・江東区南砂）に数千町の屋敷を買い上げた★。屋敷とはいうが、実際は数個の集落が存在する広大な土地である。ここに、高さ八丈（約二四メートル）の三階建ての華美を尽くした建物を建てた。他の三〇〇諸侯も真似のできないほどで、下には梅林を配していた。三階の上の間には、松江の彫り物名人坪倉元右衛門作の彫刻戸棚があった。三階での食事時には、料理を鎖で引き上げ、階段を登る労を省くようになっていた。真鴨の溜まり、小鴨の

▼「松江藩江戸屋敷所在地の研究」『山陰史談27』によると、砂村新田の抱屋敷九万二二六二坪とある。東隣に、越前国福井藩の抱屋敷、西隣に長門国萩藩の抱屋敷があった。『出雲私史』には、六九七歩とある。出雲私史の記録は建物のみであろうか。

溜まりを作り、引き堀に高土手を築き、鷹を合わせるお慰み場所もあった。また、網で魚を捕り、釣りができる川もあった。鷹部屋と称した数カ所の鷹小屋もあり、常に塀の外でも鷹の声が聞こえていたという。敷地数千町というのは、いささか信じ難いが、かなりの贅をつくした下屋敷であったと思われる。

三階で、酒肴を並べ、囃子方を見聞きするのを無常の楽しみにしていたという。

不昧は、「余の身上にては、五元《もと》★より多くは飼うべからず。これを超えれば、分限にかなわず」と言っていたが、これを遥かに超えていた。

斉貴は、祖父治郷（不昧）に似て、特に鷹《たか》狩りを好んだ。数名の鷹匠を置き、多くの鷹を飼っていた。出費を惜しまず良鷹を求め九〇〇冊の鷹書を集めたという。幕府の鷹匠の学者・森覚之亟らにしばしば意見を言い、藩士に命じ『鷹事記』『鷹布美』を手配させ、自ら鷹の礼法を制し、架《か》の繋ぎ方を考案し、必ず図または模型をつくり、覚之亟の意見を聞くなど熱中した。

斉貴は、松江城下付近その他に、放鷹のための各種施設を置いたり、禁令を布いたりしている。文政十一年（一八二八）十一月には、「殿様御在国の節鷹野の差《さし》障《さわり》に相成」として、大橋川川下での出漁・停船を禁止している。天保三年（一八三二）十二月、殺生方★より鷹野について、次のような定めを出した。

「一、諸殺生御法度、堅く守ること。……一、足革付き御鷹がいたら、見つけ次第番人を付ける。早速注進すること。一、免札をもつ漁師の他は、雑魚《ざこ》といえ

広徳寺総門（東京都あきるの市）
治郷も鷹狩りが好きで、この寺で休んだ

不昧筆の広徳寺扁額「穐留禅窟」

▼元
一元は、出雲では一八羽と定めている。

▼殺生方
御鷹方及び鳥獣漁猟を掌る。

ども掬《すく》いとってはならない。追加、九月より翌三月まで、川下伊豆屋黒田御鷹堀筋★では、船の往来と蜆《しじみ》取りを一切禁ずる。百姓の船往来はよろしい。引き船は堅く禁止する。一、鷲鷹手負いの鳥獣がいた場合は、隠し置かないで、御鷹部屋へ差し出すこと……」

同四年九月には、「御鷹野と見かけたら、遠慮すべきである処、人留めの所を押して通りその上妨害するとは甚《はなは》だ心得違いである。……通る者がいた場合、名前等を調べる。直ちに御召捕りもある」と人留めを達した。

放鷹には、御留場《おとめば》★の鳥の様子を観察する鳥見役を要した。鷹は羽を大切にして、林の中に入ることを嫌うから、草むらに隠れている鳥を追い出す良犬を要し、犬を飼う御犬部屋の必要もあった。鷹を飼育するには多くの雀・鳩・その他の小鳥を要し、これに従事する餌差《えさし》★が殺生方にいた。殺生を禁じ、小鳥の巣おろしは鷹の餌を減らすものとして、屋敷内の巣でも禁じた。雀は鷹の上餌となるので、保護した。こうしたことから、放鷹には費用がかさみ、鷹一羽についておよそ米三十石いるといわれた。

八代将軍吉宗が飼っていた鷹の例を挙げると、享保四年（一七一九）の帳簿には五四居《もと》（鷹を数える単位）の鷹が記録されている。これだけの鷹を一年間飼うために、餌となる小鳥がどれだけ必要か雀に換算すると、四〇万～五〇万羽となる。一日一〇〇〇羽以上の小鳥が必要になる。一居あたり二〇羽以上が一日の餌

▼松江市菅田町内だというが、具体的な位置は不明。

▼御留場　庶民の狩猟や漁労を禁じた場。

▼餌差　もち竿で小鳥をとる扶持人。

になる。

出雲で鯨捕り

天保二年（一八三一）六月、細民救済のため、斉貴は美保関《みほのせき》の海崎《かいざき》（現・松江市美保関町）に鯨方を置き、鯨網《くじらあみ》★を開始させた。美保関と日御碕《ひのみさき》（現・出雲市大社町）で行うため、九州の鯨師・大右衛門と網子三〇〇人をよび寄せ、近隣の村から二〇〇人を雇った。

「天保九年戊正月　出雲国捕鯨ならびに太守三保関参詣」★の記録をみよう。

「……鯨取りの大将は、山の中腹に魚見小屋を建て、合図には旗を振らせ大火を焚いた。番舟・鯨追い舟二十五艘《そう》・網を積む大舟四艘・鯨を吊り上げる大舟三、四艘と多数の舟がある。鯨を発見し合図に旗を立てると、追い舟が乗り出して手配する。網を積む舟は、網を張る。また合図旗を山より揚げれば、追い舟は鯨を網の中に追い込み舟より銛《もり》を打ち込む。大量の血が流れ出て海水が油ぎり、鯨も疲労する。九州の海士らが海中に入り鯨の尾を絡める。それから、大舟二艘が海中で大木を渡し、この大木に縄で括りつけ、追い舟は引き舟になって浦へ帰る。

鯨が捕れたとの早飛脚で、小屋の大将・役人が来て、下役人は迎え舟に出て賑やかである。待ち受けの役人は、陣笠をかぶり竹杖を持って出て人夫に指示し

▼**鯨網**
捕鯨のこと。

▼**「天保九年戊正月　出雲国捕鯨ならびに太守三保関参詣」**
伯州会見郡道野村（現・鳥取県境港市）安立治右衛門の記録。

ている。下役人は、太鼓を叩かせ、かぐらさんを仕《つかまつ》り、勢子の手配をしている。小屋の大将は紅に染めた手拭を鉢巻にして、鯨をさばく道具を召し連れた者どもに持たせて待ち、鯨が到着すると、大将の下知で鯨を太刀のようなもので切る……★」

一、二年は順調で収入も多かったが、そのうち不振になり、同九年には廃止となった。

▼『松江城三ノ丸物語』より。

庶民の生活

「大保恵《おぼえ》日記」とか「日記大寶得《おぼえ》」と名づけられた日記四冊が残されている。これは、竪町の信楽寺《しんぎょうじ》に伝わる、末次《すえつぐ》の豪商・瀧川家★史料の一部である。筆者は瀧川家（新屋《あたらしや》）に仕えた太助《たすけ》で、日記中に登場する「主人」は、和多見《わだみ》にあった新屋分家の主《あるじ》を指す。文政九年（一八二六）から嘉永七年（一八五四）までが記されている一冊目は、筆者が困難な生活をしていた頃に書いたものを天保九年（一八三八）に発見し、それをまとめたものなので飛び飛びであるが、二冊目以降は毎日の記録である。日記から、幾つか抄訳する。

文政九年十月二十九日に、太助は家守《やもり》・伊右衛門を訪ね、「私が借家にいるのは今日限りです。しかし、先日虎屋はさるお方に、太助の風聞がよくないので借

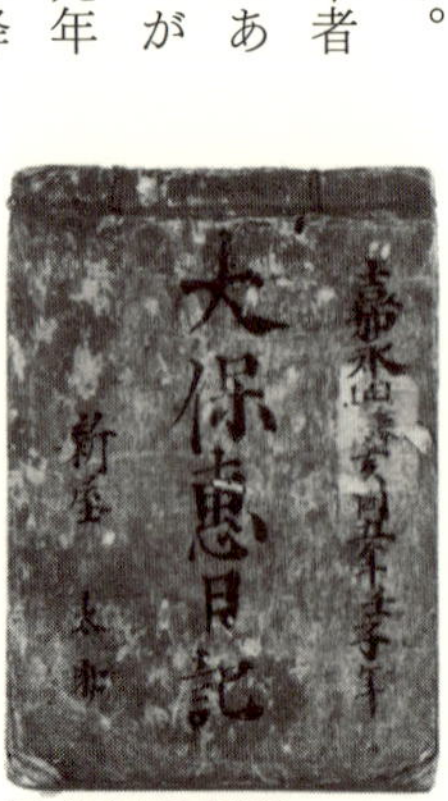

「大保恵日記」表紙
（松江市・信楽寺蔵）

▼瀧川家
第二章4節「財政難で婚儀を延期した宣維」の項で紹介した瀧川伝右衛門家。

家を追い出すと告げられたそうですね。そのため、私は今後の行き先を失いました。今いる借家を追い出されるような私に、誰が新たな家を貸してくれるでしょうか。今家を明け渡し、身を野にさらせというのですか。このことを大家（虎屋）に告げ、私をどうとでもしてください」と言った。太助は、当時経営難にあった新屋のために、金策にかけまわっていた。このことを悪い風聞とされたことが分かり、腹にすえかね、大家《おおや》や伊右衛門の言動が道理に合わないと憤慨している。このことを知った近所の人々も「評判が悪いと大身《たいしん》に告げ口するのを捨て置けない」と太助の味方についた。太助の憤りに対して、伊右衛門や虎屋の奉公人は返す言葉がなかった。この後、伊右衛門の対応が変化する。他の借家人たちの目を気にしているようであった。伊右衛門と共に、太助に借家を紹介した紙屋万兵衛も立ち退きを要求した。万兵衛は、太助に対し「どうしてくれる」と怒るが、太助は「確かにあなたの口入れで借家に移ったが、その時には主人を家受人《いえうけにん》に立て、証書に記して渡した。今さらあなたにそのことをもって責め立てられるいわれはない」と反論し、相手にしなかった。この記述から、太助が家を借りる手続きが分かる。まず、万兵衛が太助を家守・伊右衛門に紹介する。次いで、伊右衛門は、大家である虎屋の承諾を得て、太助を住まわせることになる。その際、太助は、主人新屋良左衛門に保証人になってもらっている。家を借りるには、色々な人の世話が必要であった。町には、家持人と借家人がいたが、天保年間の町割

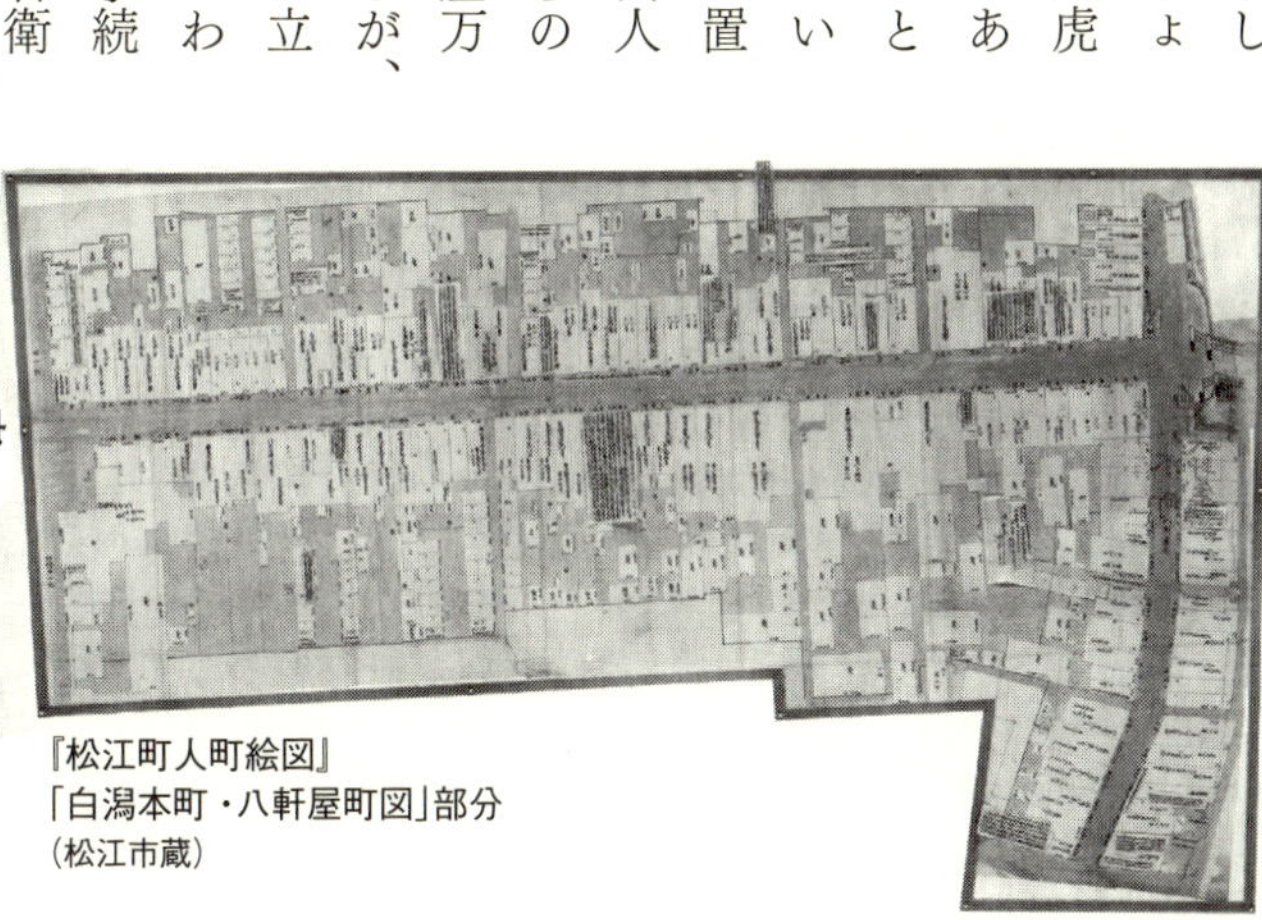

『松江町人町絵図』
「白潟本町・八軒屋町図」部分
（松江市蔵）

を記した白潟絵図を見ると、家持人の多くは、瀧川とか虎屋といった大店《おおだな》で、多くの貸家を持っていた。絵図には、短冊状に配置された借家が描かれている。新屋も貸家を持っていたが、太助はそこに住んでいなかった。新屋に仕えながらも、よその貸家に住んでいたのである。借家騒動の顛末《てんまつ》は、十一月十五日になって、伊右衛門が内々に「近所の者へ挨拶をして住むように」と言ってきて、結局、元通りに住むことを黙認した形になった。評判を気にしたのであろう。

「高見屋弟子中で七夕の竹を切りに行く。安蔵も遣わす」。これは、文政十三年七月六日の記述である。安蔵は太助の長男で、十一歳。天神町の高見屋嘉十のところへ手習い（習字）に通っていた。高見屋嘉十が開いていた手習い塾で、数人あるいは数十人の弟子を抱えていたと思われる。江戸時代後期、松江には数多くの寺子屋があった。『日本教育史 資料九』によると、天神町には二つの寺子屋があった。安蔵が通っていた塾とこの寺子屋との関係は分からない。その後も、安蔵の手習いに関する記述が時々出てくる。「手競《てくらべ》」の手本で安蔵に教えたことや、安蔵が手競で一四番になったことも記されている。息子の上達振りや将来への期待がうかがえる。読み書きは、商人にとって必須である。江戸の白木屋日本橋店では、店の規則「永禄」で、十代前半で店に入った若い奉公人たちは、休夜（仕事や役割がない夜）には手習い稽古をするように定めていた。

嘉永二年五月七日の記述は「今年はいよいよ殿様がご入国とのことで、閏四月二十三日に江戸を御立ちになったとのことである。ご入国の日にちはまだ分からないが、今月十八、十九日頃かと思われる。駒次郎《こまじろう》様が同行されるので、特別賑やかである。ことに、安来からお城までの道中では、御上洛の際の行列の通りに入国されるとのこと。また、拝領した隠岐馬《おきうま》のように大きな犬を連れてこられるとのことで、専らの評判である」となっている。

五月二十四日の記述に「今日は殿様がご入国のため、両町の通り筋は夜通し明るい。殿様ご入国は、去る三年前（二年前の誤りか）の御上洛の際のお供揃《ともぞろ》えとの噂であった。そのため、今日は群集がすさまじく、町だけでなく郷方からも何万人も人がやってきたようである。松江城下始まって以来の人出と噂されている」とある。斉貴が、将軍の名代として上洛した時と同じ行列で、入国するということについて書かれている。庶民の間にも、お殿様についての情報が飛び交っていて、普段は静かな城下町もこの日は大騒ぎであった。五月二十四日正午、予定から少し遅れて入国した。駒次郎様とは、津山藩主松平斉孝《なりたか》の二男で、斉貴の舎弟となった人物で、のちに駿河国小島家の養子となった。また、次期松江藩主定安の実兄に当たる。

危うくクーデター

斉貴は、「やんちゃ殿さん」と言われていた。「ちょっと困った殿さん」という意味合いである。理由は、これまでに記したような生活振りからきている。

斉貴は、生来聡明で、大器・果断の人物であった。その性格は豪放闊達《かったつ》で、進歩的な考えをもち、細事にこだわらず、断固として内外の国事に関わり、また、自ら好むことを行っていた。

例えば、西洋の文化を積極的に取り入れようとした。自ら多くの時計を集め、小川友忠に時計の研究をさせ、友忠の著書『西洋時辰儀定刻活測』を藩費で出版した。

藩勘定方見習いの藤岡雄市は算法を好み、江戸関流の内田観斎に手紙で天文暦象に関する質問をしていたが、弘化二年（一八四五）、自費で江戸に出て観斎のもとで研究を始めた。斉貴は江戸で勉学中の雄市をみて、その才を認め、天文・航海の書を与え、同三年には、博学で知られた箕作《みつくり》阮甫《げんぽ》に地理学・蘭学を学ばせた。★次いで、蘭学者金森建策を任用した。建策は、備中生まれで、同年から蘭学御用として、没するまでの十四年間、蘭学伝習に当たった。

嘉永二年（一八四九）、佐賀藩医楢林宗建は『牛痘小考』を著し、種痘がその後

▼残念なことに藤岡雄市は嘉永二年、学半ばで病没した。

広く行われるようになったという。斉貴は、鍋島氏と姻戚関係にあった。同六年、金森建策は斉貴に『牛痘解蔽』一冊を献上している。松江城下の町医錦織春象《にしこおりしゅんぞう》は人々に無料で施術した。松江藩での種痘の普及は長州藩・佐賀藩と共に天下に率先したものであった。

藤岡雄市の遺した蔵書には、数多くの天文・地理・和蘭辞書があり、雄市が蘭書を読んだ形跡があるという。建策が蘭学伝習に当たっていたことから、江戸藩邸には、多くの蘭書があり、斉貴の西洋好きもあって、海外の事情に通じた人物が集まっていたと想像できる。

斉貴は、英邁な面もみせたが、鷹狩りに熱中するあまり、鷹匠や餌差の専横が目につき始め、藩内で不平の声が高くなってきた。

斉貴は、相撲も好んだ。稲妻・鳴瀧らの抱え力士もいて、城下での興行の時には富豪に扶持を命じたりしていた。天保の頃から、斉貴は大酒・酔狂・淫蕩が甚だしくなったという。岡鹿門は『在臆話記』に「余聞く、松江公暗愚、邸内園中ニ於テ、婦女共ヲ相手ニ旅行ノ扮装ヲ為ス」と書いている。

嘉永二年から、あれこれ理由をつけ江戸に留まり帰国しなかった。吉田小左衛門の忠言、仕置役神谷源五郎・仙石城之助の諫言も効果なく、同四年十一月二日、家老塩見増右衛門は諫死《かんし》した。このため、斉貴は同五年正月にようやく帰国した。翌年は参勤の年であったが、病気治療のためと、官医多紀安琢を呼んだ。安琢が到着すると、「自分の持病はすぐには治らない。処方を侍医に授けて、江戸に帰れ」と追い返してしまっている。

この頃、近習頭三谷忠太郎、用人安藤貞兵衛とその子謙之亟、下役人中溝左次らは、広瀬藩家老片山主膳と気脈を通じ、ひそかに斉貴を廃し、広瀬藩主を迎えようと企てた。しかし、この陰謀は間もなく露見し、同年三月、一味は捕らえられ永牢となった。このことは、斉貴の問題として公にならないで収まったが、松江藩の親戚にあたる越前福井、美作津山、肥前佐賀の諸藩主が協議した結果、斉貴を隠居させることにした。

斉貴は、嘉永六年四月、幕府に辞表を提出した。持病の治療に努め、津山藩主松平斉孝《なりたか》の子済三郎《せいざぶろう》を継嗣《けいし》とし、斉貴の娘熙姫《ひろひめ》を嫁がせることを願い出た。これに対し、幕府は目付松下大学を出雲に遣わし、三の丸対面所で斉貴に誓紙に血判させ、九月五日に許した。

十月二日、斉貴は剃髪して瑤光翁《ようこうおう》と称し、城内に観月御殿を建て、約四年間を過ごした。安政五年（一八五八）三月二十四日、瑤光翁は松江を発ち、四月十八日、江戸赤坂上屋敷に入った。次いで、九月には青山中屋敷に移り、四年過ぎた頃の文久二年（一八六二）七月、夫人充姫が逝去し、本人も中風にかかった。西洋医好みであり、侍医北尾徳庵をはじめ竹内渭川院・緒方洪庵・戸塚静春などに診せたが、その効果はなかった。

この頃は内憂外患ありの非常事態の時代で、桜田門外の変以来、幕府の権威は地に堕ち、尊王論・攘夷論ありの物騒な時代であった。瑤光翁の身の安全を心配し、国元に戻っての生活について論じられてもいた。しかし、元来国での生活を嫌って、病気が全快してから帰国すると言っていたが、西洋の薬も効かず、文久三年三月十四日、四十九歳で没し、天徳寺に仮埋葬された。

②
最後のお殿様・定安

定安は襲封後間もなく、幕府の海防強化に関わるようになった。また京都警衛や長州戦争に携わった。これからの時代に、機動力のある大型船が必要と痛感し、軍艦三隻を購入した。散在していた学舎を統合し、藩校「修道館」を建設し、多くの人材を育てた。

定安襲封と初入国

松江藩松平家の一族である美作国津山藩主松平斉孝の子済三郎は、斉貴の養子となり直利と改名した。隠岐島の扱い★もこれまで通りと幕命を受け、嘉永六年（一八五三）十月二十七日に襲封の手続きが終了した。直利は十九歳で松江藩松平家の十代目藩主となった。十二月一日、家督御礼のため出仕し、初めて将軍家定に謁した。十五日に月次《つきなみ》の初登城をした。二十三日、従四位下に叙せられ、侍従に任じられ、家定の「定」の字をもらい、改めて出羽守定安《さだやす》を称した。

定安は幕府の賜暇《しか》を得て、嘉永七年正月十四日、江戸を出発し、二月八日に初めて入国、直ちに、城内三の丸に入った。

国主として、自ら政治に当たるのに必要なこととして、政務の余暇には、学問

▼領国ではなく松江藩の管理地とする（第二章1節「松平直政の入封と施策」参照）。

松平定安肖像画（部分）
（出雲市・藤間亨氏蔵）

に努めた。同月十二日から、軍学教授横田新兵衛、明教館教授桃題蔵、管槍《くだやり》師役松本理左衛門、居合《いあい》師役荒木佐次右衛門に、それぞれ師範を命じ、文学・兵法・武技を学んだ。入城以来の巡視・諸士引見など主だったことを終えて、参勤のため、三月十五日、松江を発ち、四月八日、江戸上屋敷に入った。

幕命による国防と長州戦争

嘉永六年（一八五三）六月三日に、ペリーが浦賀に来航し、九日に久里浜で浦賀奉行に米大統領フィルモアの通商を促す親書を渡した。これが、幕府をはじめとして、当時の日本を揺るがす大事件であったことは周知の通りである。

ペリー出帆後間もなく、幕府は江戸湾の海防強化の検討を行い、内海防備のため、品川の沖合いに一一基の台場築造を計画した。一番から六番台場と陸続きの御殿山下台場は翌年十二月までに竣工した。七番は工事半ばで中止し、八番以降は未着手に終わっている。

定安は、幕府の命令により武州本牧《ほんもく》（現・横浜市中区）、大坂安治《あじ》川・木津《きづ》川両川口の警衛、京都の八幡《やわた》・山崎・乾御門《いぬいごもん》の守衛、江戸品川第五砲台の警衛、京都堺町御門の守衛等を歴任した。松江藩は、先代斉貴以来、水陸の軍備を西洋式にするなど進歩的なので、幕府では定安を適任としたのであろう。

安政元年（一八五四）三月三日、ペリーは軍艦七隻を率いて再来航した。数百の兵士を横浜に上陸させ、その武威を示し、日米和親条約一二カ条に調印させた。この時、幕府は諸侯に命じて、江戸湾一帯に兵を配置し、万一に備えた。その総数は三十三万六千三百余人に達したといわれている。その後、幕府は沿岸の諸陣を撤退させ、一部の要地を守らせた。定安は、中枢の要地、武州本牧の警衛に任ぜられたのである。同年十一月十六日、家老並の平賀縫殿・黒川又左衛門の二名を指揮官とする二〇〇の兵士を派遣し、四年間の任務についた。同四年四月二十八日、本牧警衛の役を解かれ、大坂警衛を命ぜられた。同日、老中久世大和守広《ひろ》周《ちか》より、従来の功労を賞し右近衛少将に昇任させるとの達し書が交付された。この昇任は特別扱いのようであった★。

元治《げんじ》元年（一八六四）正月、定安は将軍家茂《いえもち》に従って上洛し、二条城の警衛として三条口を守っていたが、たまたま長州藩不穏の知らせがあった。二月、幕府は定安に帰国を命じ、三月には京都堺町の守衛を免じ、またその夏三カ月間の京都守備の月番も免じ、自国で長州藩に対して備えるよう命じた。

七月二十三日、長州征伐の命令があった。二十六日、松江藩は、国境防備のため口田儀《くちたぎ》・小田《おだ》（共に現・出雲市多伎町）に各兵員を配置し、安来にも一隊を置いた。八月十四日、幕府は八月下旬より翌月十日までに兵を石州★に繰り入れ、指揮を待つよう、諸藩に令した。しかし、諸藩の行動は緩慢で、諸兵に戦意がなかっ

▼
「其方儀、家督以後、年数も之なく、未だ年若にて、旁ゝ昇進の御沙汰には及ばれ難く候へども、本牧御警衛以来、引続き此度大坂表御臺場御用引請仰付けられ、防禦筋の儀万端御委任成され候に付き、今般格別の思召を以て、少将仰せ付けられ候儀と相心得、御守衛の儀格別精を入れ、相励み候様致さるべく候」とある。
（『松平定安公伝』より）

▼**石州**
石見国の別称。

た。十月二十二日になってようやく大坂在城の徳川（尾張）総督より、十一月十一日をもって、各自は持ち場に就き、十八日に同時に攻め入るよう令した。

十一月九日、定安は黒印の軍令状を一ノ先隊士大将大橋安幾、二ノ見隊士大将神谷富雄、游軍隊士大将三谷長順、小荷駄《こにだ》隊長小田要人等に授けた。一ノ先隊は十六日、二ノ見隊は十七日、游軍隊は十八日に出発して各持ち場で陣取った。丸岡藩主有馬道純《みちずみ》は意宇郡竹矢村安国寺に、津山藩主松平慶倫《よしとも》は能義郡宇賀荘（現・安来市宇賀荘町）雲樹寺に陣を張った。ところが、長州藩は、すでに京都で敗れ朝敵の汚名をうけ、勢いがなかった。長州藩内では佐幕派が勢力を取り戻し、十二日に三家老の首を斬り謝罪の意を表した。十八日、総督はこれを赦《ゆる》し、諸軍に令して進撃をやめた。山口城を毀《こわ》し、萩に移らせ、十二月二十七日に諸軍の解兵を令したので、松江藩の諸隊も順次帰国した。第一次長州戦争は終わったが、長州藩の討幕派には、高杉晋作が率いる奇兵隊があった。

慶応元年（一八六五）正月元旦、高杉らは馬関《ばかん》★（現・山口県下関市）で兵を挙げ、山口に入り城を修理し、藩主父子を奉じて檄《げき》を藩内に飛ばし、正義党と称した。四月十日の夜、長州藩脱走兵二〇〇人ばかりが備中国倉敷代官所を襲撃した。この時、松江藩「第一番八雲《やくも》丸」は幕府の傭船となり、追討の幕兵を広島から倉敷近海に輸送していた。これが、第二次長州戦争の発端となった。

同年五月十六日、将軍家茂は江戸を発ち、二十二日上洛、二十五日に大坂城に

▼**馬関**
下関の古称。

入った。十一月に入ってから、幕府は長州藩主と家老を広島まで呼び出し、叛意《はんい》を質《ただ》した。しかし、長州藩は逐一弁明したので、幕府はこれを責める口実を失い、翌二年正月、朝廷に「長州藩主統治の法宜しきを失い、国内を紛擾《ふんじょう》せしめたるを以て之れを罰して其封土の十万石を削り、重臣三人の家を断絶せしむる」旨を奏請した。朝議、これを許して使いを長州に遣わし、五月二十日を期して処罰内容に対し応えるよう伝えた。しかし、長州藩は拒絶した。一月二十二日には薩長同盟が成立していたからである。幕府は、やむを得ず、再討征することを決し、紀伊（和歌山）藩主徳川茂承《もちつぐ》を総督とし、六月五日の総進撃を命令した。

前年の十一月二十一日、幕府は、大目付永井主永正尚志《なおむね》と目付戸川鉾三郎安愛《やすちか》を広島まで派遣して、長州を質すにあたり、松江藩に石州口の討ち手を命じた。長州への攻め込み口に最も近いのは、広島藩・津和野藩・浜田藩・小倉藩であった。松江藩は間に石州が存在しているので、援軍として出兵することになった。

第二次長州戦争の経緯等詳細については省くが、長州勢は幕府軍に打ち勝ち、ついに浜田城も落とし、幕府直轄領である大森銀山も手に入れ、石州全体を占領した。

七月二十日、将軍家茂は大坂城で没した。幕府はこれを秘し、病として伝えた。その後、一橋中納言慶喜《よしのぶ》を将軍とし、八月二十日に家茂の喪を発表した。慶喜は、二十一日に勝海舟《かつ》を広島に派遣し、長州藩と休戦の談判をさせた。二十二日、勅命として長州征伐の戦をやめ、二十九日にこれを諸藩に公布した。

八月十九日、長州軍より赤名★在陣中の広瀬藩に書が送られてきた。松江藩との交渉を提案したもので、二十一日朝四ツ（午前十時）から、石州の光峠★で会談することが決まった。長州藩から歩兵隊長福島彦左衛門が、松江藩から軍事掛二人が応対した。互いに侵略しないことを約束し、さらに解兵についての談判があった。この交渉結果を実のあるものにするため、松江藩は、幕府の石州での指揮役として松江にいた少老★保科弾正忠正益《まさあり》に、その顚末を伝え、また松江藩の執政大野舎人を大坂に派遣し、小監察永籐次郎に会い、適切な処置を希望していることを伝えさせた。そのうち、幕府から、休兵を令して「大樹薨去につき暫時兵事を猶予すべしとの朝命なるを以て、長防人をして、其の侵略せる隣地を、退却せしめよ」とあった。二十九日、米子滞在の保科小老からの指令に従って、征長の諸軍は退去を始め、十二月には完了した。

▼赤名
現・飯石郡飯南町赤来。

▼光峠
現・邑智郡美郷町酒谷光峠。

▼少老
若年寄の異称。

軍艦の購入

寛永十年（一六三三）の第一次鎖国令以後、大型船の建造は絶えていたが、ペリー来航以来、その必要性が痛感されるようになっていた。幕府も「……方今の時勢により大船の製造を許さるる間、……船数とも委しく伺出、指揮を受くべし」と令するほど、大船建造について、緩やかな対応になっている。

文久二年（一八六二）、松江藩主松平定安は江戸在勤の執政朝日重厚に「……外では異国船がのさばり、内では各藩が警戒し、攘夷が天下の世論となっている。我が領内には海辺が多い。また、隠岐は絶海の孤島で、殊に後鳥羽上皇の御陵がある。汽船のような便利な船がなければ、これを守ることもできない。汽船を購入し、海防の策を立てようと思う。しかし、費用は決して安くない。汝、諸士と協議して、藩財政を検討の上、購入の可否を答申せよ」と命じた。重厚はこの命を受けて、諸士と相談した。その結果、皆は大いに賛同し「近年出費は多いが、海防は我が藩のためだけではなく、皇国の急務である。資金は、藩政改革に努めて冗費を節減すれば、購入は容易である」との結論に達した。定安は、大変喜び、早速、軍用方奉行中根平左衛門、配下の鈴木半左衛門に購入を命じた。薬用人参による収益などで、藩財政は豊かという背景があった。

中根・鈴木の二人は長崎に行き、同年十月、米国人所有の英国製鉄艦ゲゼール号一隻と米国製木艦タウタイ号一隻を買い求めた。鉄艦は長さ一九二フィート、幅二七フィート、八〇馬力、大砲六門、三二九トンで、代金一〇万ドルであった。木艦は長さ一一四フィート、幅二一フィート、七〇馬力、大砲四門、代金七万ドルであった。十二月、中根らは、両艦を率いて長崎を出航し、平戸・馬関・尾道・鳥羽・下田・浦賀等の諸港に投錨し、十一日をかけて品川に入港した。鉄艦を

「第一番八雲丸」（東京大学駒場図書館蔵）

「第二番八雲丸」（個人蔵）

「第一番八雲丸《やくも》」、木艦を「第二番八雲丸」と名付け、同三年一月、中根を軍艦奉行に、鈴木を同副《そえ》奉行に任じた。

文久三年五月十日夜、長州藩が馬関で米国船を砲撃する下関事件が発生し、七月二日には、薩摩藩が英国艦船七隻と鹿児島湾内で交戦する薩英戦争が起こった。松江藩は、海岸防備のため、神門郡杵築、楯縫郡川下村に砲台を設置し、兵士を配置するなどしていた。この間、京都では政変が起こり、七卿★が西走するなど、世は不安定な時期であった。将軍家茂の西上にあたり、松江藩は将軍の供奉《ぐぶ》を願ったが、幕府は八雲丸二隻を官船とし、品川へ回航させた。

十二月八日、軍艦奉行松原杢《もく》★、同副奉行鈴木半左衛門、運転手以下が第一番八雲丸に乗り、軍艦奉行太田主米、運転手以下が第二番八雲丸に乗り、大井（現・松江市大井町）沖を出航した。木艦はたちまち故障したので、島根郡加賀港（現・松江市島根町加賀）で修理をした。二十七日に再出発し、翌日須佐港（現・山口県萩市）に入った。第一番八雲丸は、二十七日、無事品川湾に着いた。すでに家茂は、幕艦順動丸に搭乗していたが、幕府の艦船は欠乏していたので、第一番八雲丸を供奉艦に加え、二十八日、品川湾を発って大坂に向かわせた。のちに、幕府奉行勝海舟が、第一番八雲丸の操船が迅速で任を全うしたのを賞して、乗組員一同に金子若干を与えたという。

▼七卿
三条実美、三条西季知、東久世通禧、壬生基修、四条隆謌、錦小路頼徳、沢宣嘉。

▼
中根平左衛門はすでに死亡していた。

藩校修道館

九代藩主斉貴の洋学奨励・擁護の考えは、定安にも引き継がれていた。

文久二年（一八六二）十二月、定安は、江戸藩邸内に「西洋学校」を開設し、入《い》江《りえ》文郎《ふみお》・布野《ふの》雲平《うんぺい》を教授方、間宮観一《まみやかんいち》を教授手伝に命じた。入江にフランス語、布野に英語、間宮にオランダ語を担当させた。入江は、藩医入江元範《いりえげんぱん》の家に生まれ明教館で学んだ後、江戸に出て医学・蘭学・フランス語を学び、蕃書調所《ばんしょしらべしょ》教授手伝に抜擢されていた。布野は、神門郡今市に生まれ、萩の青木周弼《しゅうすけ》に学んだ後、大坂の緒方洪庵《おがたこうあん》の適《てき》々斎塾《じゅく》（適塾）で学んだ。ロシアのプチャーチンが大坂の天保山沖に来た時、適塾同門の伊藤慎蔵《しんぞう》と共に通訳をしたが、国際語が英語であることを痛感し、英学修行のため江戸へ出た。牢人身分で、牛込御徒町に住み、勝海舟に江戸在住洋学者の一人として認められていた。福沢諭吉《ふくざわゆきち》の紹介で、中津藩中屋敷で、蘭学舎の初代英学教授を務めている。安政七年（一八六〇／三月十八日に万延と改元）二月、松江藩士となっていた布野は蕃書調所教授に任命され、のちに西洋学校教授を兼任した。間宮は、手塚律蔵塾にいた時、その才を認められ、松江藩の金森建策から蘭学を学んだ後、蕃書調所教授手伝になった。

文久三年十月、定安は江戸藩邸の西洋学校を入江一人に任せ、布野と間宮を帰

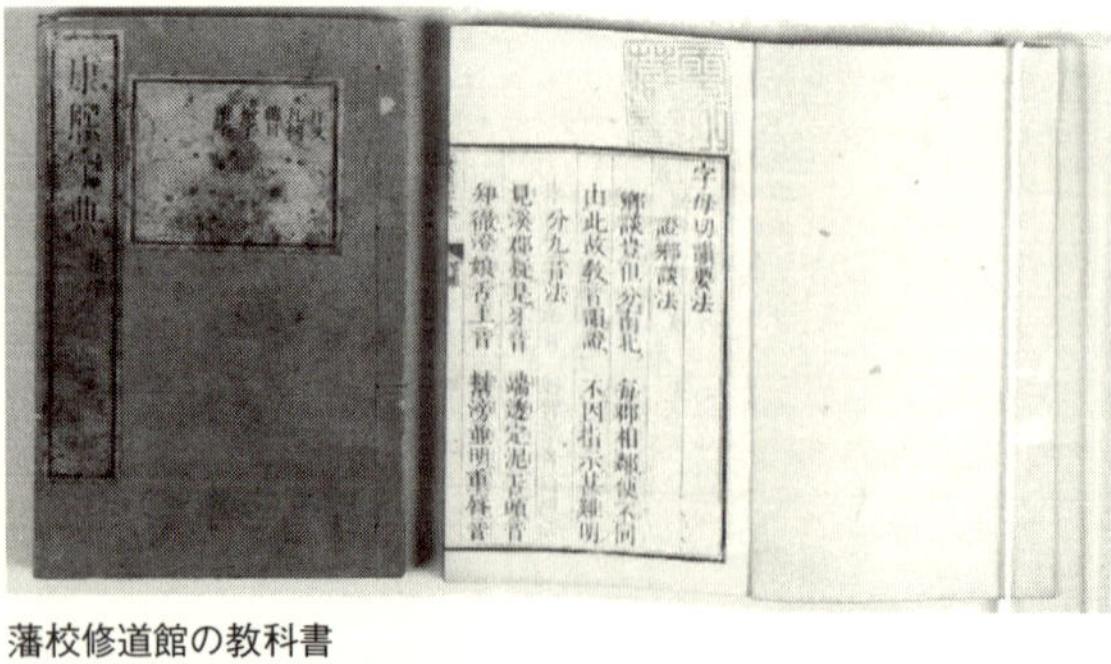

藩校修道館の教科書
和刻本「康熙字典」一箱40冊
（松江市蔵）

国させた。

そして松江で、英語とオランダ語の授業を「洋学所」で開始させた。造成・建築中の「文武館」の西長屋と書生寮を「洋学所」にあてた。この時、布野は、斉貴が集め、譲られた長持三棹分の洋書を持ち帰った。

定安は、カリキュラムに、儒学・洋学・軍学・数学及び剣・鎗・弓馬等の諸学問や諸技を採用し、文武学芸を併せて日常の実務に役立て、和漢の長所を取り入れ折衷調和させ、この時勢に応じたものにしようとした。しかし、学舎は各地に散在し、家臣子弟の修養鍛錬に不便であった。そこで、三の丸の向かい側に位置する、中老★塩見小平衛・三谷半太夫の屋敷地を収容し、「文武館」の建設に踏み切ったのである。「文武館」の名称については、明教館★の指導陣には、「文道」と「武道」が並列され、同等に受け取られることに疑問をもち、意見書を提出していた。元治二年（一八六五／四月八日に慶応と改元）四月、文武館奉行は明教館助教の桃文之助《ぶんのすけ》★に対して、「文武館」の名称変更を打診した。桃は早速、四書《ししょ》の「中庸《ちゅうよう》」の「人倫日用《じんりんにちよう》の道を修める」から「修道館」という名称を提案した。

慶応元年六月二十二日、「文武館」は「修道館」と改称された。二十七日から、講義が開始された。玄関には、昌平黌《しょうへいこう》の林大学頭《はやしだいがくのかみ》による「修道館」の扁額《へんがく》が掲げられ、開館式では藩士四〇〇人を前にして、儒学教授に就任した桃翠庵《すいあん》世文(四代)が「中庸」の一項を講釈した。

▼中老
家老・家老並の下で家老に次ぐ地位の呼称。

▼明教館
第三章1節の「三大別される『延享の改革』」参照。

工業学校修道館扁額

▼桃文之助
桃翠庵の門下で、十七歳の時、翠庵の養子となった。名は好裕。

3

維新前後の松江藩

親藩であったが、大政奉還によって尊王の立場をとらざるを得なかった。
山陰道鎮撫使の不審を招き、苦渋を味わうが、何とか脱することができた。
隠岐で吹き荒れた騒動と廃仏毀釈の運動に抗することができなかった。

山陰道鎮撫使事件

慶応三年（一八六七）十月十四日、将軍徳川慶喜は朝廷に大政奉還を上奏して、勅許された。その結果、親藩である松江藩も進むべき道を探らざるを得なかった。朝幕間の岐路に立たされたわけである。

同年十二月一日、朝廷は松江藩に「明春正月より三月に至る三ヶ月間朔平《さくへい》御門の警衛」を命じた。二十三日、斎藤条は警衛兵の若干を引率して松江を出発し、二十九日大坂に着いて、慶喜に伺候した。同四年正月元日、警衛兵の一部は、大坂を出て上洛したが、三日になって、鳥羽・伏見の戦いが勃発した。隊長斎藤条は、率いる兵で旧幕軍を援けようとし、旧幕軍はこれを対陸軍所の兵として向かわせようとした。すると、監察坂本丈平がとんできて、「今、禁門守衛の兵を旧幕の応援に変えるということは、藩公の命に背くだけでなく、実に朝命にも背くことになる。今、朝敵の名を蒙れば松江藩の存亡に関する一大事となる」と諭した。斎藤は、軍務係と頭役数名を集めて協議したが、坂本は譲らず激論して結論が出なかった。松江藩にとって、まさに危機存亡の時であった。そこへたまたま、使番役添勤松本仙六が、在京執政の命を帯びてとにかく上洛するよう促したので、ひとまず朝廷に弓ひくという危機を脱することができた。斉藤以下は、宇治を通って八日入京した。この時、朔平御門はすでに薩摩藩の警衛となっていたので、改めて山崎関門を警衛することになった。

朝廷は、慶応四年正月五日、西園寺公望《さいおんじきんもち》を山陰道鎮撫《ちんぶ》総督として出向かせた。同月十二日、松江藩の態度には疑わしいものがあるとして、鳥取・長州二藩は、浜田藩と共に尋問するよう命ぜられた。

松江藩は京都へ守衛隊を送った。その食糧を第二番八雲丸《やくもまる》で輸送していたが、途中で故障したので、丹後国宮津港で修繕し、二十日に越前国敦賀《つるが》港で糧米を陸揚げした。二十六日夜、帰航の途についたが、再び故障したので、再度宮津港へ入港して修理しようとした。その知らせを、但馬《たじま》村岡（現・兵庫県美方郡香美町村岡）にいた西園寺総督が聞き、使いをやり、召喚状を渡し同行を求めた。運転手渡部為右衛門は直ちに鎮撫使の守衛所に出頭した。長州藩隊長小笠原美濃介は、糧米を敦賀に輸送して宮津に寄港した理由を詰問したので、渡部はありのままに答えたが、小笠原は「このたび、山陰道鎮撫使が置かれたことを、松江藩が知らないはずがない。しかし、その陣所に一度も伺候もなく、あまつさえ、鎮撫使在地近くに二回も軍艦を停めたことは不審である。近いうち鳥取に下向し、鳥取藩に厳しく問わせる。第二番八雲丸を抑留し、勘定役中山善六を残して艦の修理に当たらせる。他は帰国してもよい」と述べた。

定安は病気中であったが、朝命奉戴《ほうたい》のため、一月十九日に松江を出発し、二十九日に京都に着いた。西園寺鎮撫総督の下向と道を異にしていたので、鎮撫使を伺候しない無礼を咎められることになった。

渡部以下が松江に帰着し、藩に報告した二月五日に、鳥取藩の使者葛金右衛門も松江に来た。葛は、総督府用係神戸源内・山部隼人・門脇抄造・沖探三連署の書簡を持参した。その要旨は「鎮撫使が丹後但馬路に滞在中、松江藩の軍艦が宮津港に二回も停泊したのは失体である。また、山陰道大小の諸藩、代わる代わる使者を遣わして、鎮撫使に伺候したのに、松江藩のみこれを省みない。右、不審の行動であるので、軍艦は宮津に抑留し、乗員三名のみを帰した。今、総督府の命ずるところにより、詰問する」ということであった。

藩から重臣を鳥取に派遣し、弁疏《べんそ》★状を提出したり、京都から、定安の陳謝状を届けたりした。

その後のやり取りを経て、二月十三日、謝罪四カ条のうちのいずれかを以て、

▼弁疏
言いわけ。

謝罪するよう突きつけられた。その内容は、

一、雲州半国朝廷へ返上

一、重役の死を以て謝罪

一、稚子入質

一、勅使を国境へ引き受け、勝敗決し候上謝罪

とあった。

この書を得て、大橋筑後らは松江に帰り、直ちに執政や重臣一同と協議した。その結果、第二条の「重役の死」を選び、大橋筑後の切腹で謝罪することになった。

総督府より松江藩に交付した尋問書は京都に届けられた。定安はこれを見て大変驚き、朝廷に対して事情と松江藩の京都警衛の実績を述べて善処法を請うた。十六日、大橋筑後は死を決心して割腹所《かっぷく》に当てられた能義郡門生村《かどう》（現・安来市門生町）の常福寺《じょうふくじ》に向かい、総督府に対して検使の臨場を要請した。十七日、筑後は安来に着いて、検使の来るのを待った。十八日、因幡侯の使者神戸源内が安来に来て「因幡侯は隣国のよしみで周旋に大いに努め、四カ条は取り止めとなった。他の方法で、謝罪させることになった。松江に帰って待機するように」と告げた。筑後は、総督府の命を受けて、二十二日、再び安来で待機していたが、「下命があるので、早々に滞陣所へ参候すべし」とあり、二十五日米子総督府へ

伺候した。そして、不審は晴れたので寛大に処するという書面★を交付された。定安から何の報告や謝罪もないので、帰洛の上、別の処分をすることになったと付け加えてあった。

その後の二十八日夕方、鎮撫使は四百四十余人を率いて、松江城三の丸に入った。この時、家老以下の諸士は正装し、三の丸付近の路頭に列した。続いて三月一日に、松江藩は勤皇奉仕の誓約書★を提出した。

世に、「玄丹お加代」の話が流布している。元松江藩士で鍼医《はり》錦織玄丹《にしこりげんたん》の娘お加代（本名、錦織かよ）が酌婦となって、鎮撫使一行を迎えた宴席で、荒くれ男を平然とあしらう話である。副総督川路利泰《かわじとしやす》が刀の先に刺して突きつけた蒲鉾《かまぼこ》を切っ先もろとも口で受け、その後、酒を所望したという。その結果、鎮撫使一行と打ち解け、宴は和やかに進み、松江藩に対する不審も消え、家老の切腹を避けることができたという話である。妖艶で男勝りの度胸を備えたお加代が、鎮撫使の態度を変えさせ、松江藩を救ったというのである。この話がよく知られるようになったのは、安来市出身の永井瓢斎《ながいひょうさい》★作の『鎮撫使さんとお加代』が大坂中村座で上演され、大当たりを取ったからと言われる。お加代は実在の人物であったが、鎮撫使事件と関わる記録等はない。史実かどうかの検証がなされることなく、物語の主人公になったようである。今となっては確かめようがない。

▼書面
「……右筑後一身之儀は勿論、一国士民に至るまで御不審被為霽、此節被処寛大候段被仰出候間一藩安堵可抽精忠御沙汰候事」

▼勤王奉仕の誓約書
「今度朝政復古、山陰道鎮撫使御下向、御糺問有之、家来大橋筑後以決死之赤誠、謝罪之道相立候上は、反臣徳川慶喜、本家親縁之間を以大義相絶、向後勤皇奉仕無二之段、天地神明に誓ひ、子々孫々異議有御座間敷、万一抱二心候節は、可蒙天地神明之厳罰、為後年誓書如件、恐惶謹厳。
慶応四戊辰年三月朔日
松平瑤彩麻呂黒印花押
西園寺中将殿」

玄丹お加代

▼永井瓢斎
一八八一～一九四五。朝日新聞の「天声人語」を約十年間担当した。

隠岐騒動と廃仏毀釈

隠岐国は、松江藩預かりの地で、大小四島で構成されている。北東側に位置する大きい島を島後《どうご》、南西側に位置する三島からなる小群島を島前《どうぜん》という。松江藩が隠岐を治めるのに、その長官を郡代として、三年一期で交代させていた。郡代を西郷《さいごう》（現・隠岐郡隠岐《おき》の島《しま》町西郷）に置いて、島後を支配した。次官を代官といい、五年一期で、別府《べっぷ》（現・隠岐郡西《にし》の島《しま》町別府）に置き、島前を支配した。別に、在国の代官がいて、松江に在勤し隠岐国の事務に当たっていた。隠岐在住の郡代・代官の下に、元方・点検・往来・番屋等の諸役を置き、皆足軽を派遣した。元方は会計、点検は租税徴収・税源の調査、往来は庶務、番屋は警備を担当し、人員は四〇人ばかりであった。この他に物書《ものかき》がいて、郡代・代官の邸内に居住し、幕府への勘定書を調べた。貢租は銀納であった。隠岐は山がちで平地が少なく、資源が乏しく、わずかに魚介山林の利益があるのみであった。海防に努める必要があってその出費も少なからず、時には、藩費をこれにあてることもあった。

周吉《すき》郡中村（現・隠岐の島町中村）出身の儒学者で中沼了三《なかぬまりょうぞう》という人物がいた。京都で、山崎闇斎《やまざきあんさい》学派の鈴木遺音《いおん》に学び、頭角を現した。天保十四年（一八四三）、京都烏丸《からすま》に塾を開き、大義名分を説いていた。西郷従道《さいごうつぐみち》・桐野利秋《きりのとしあき》・中岡慎太《なかおかしんた》

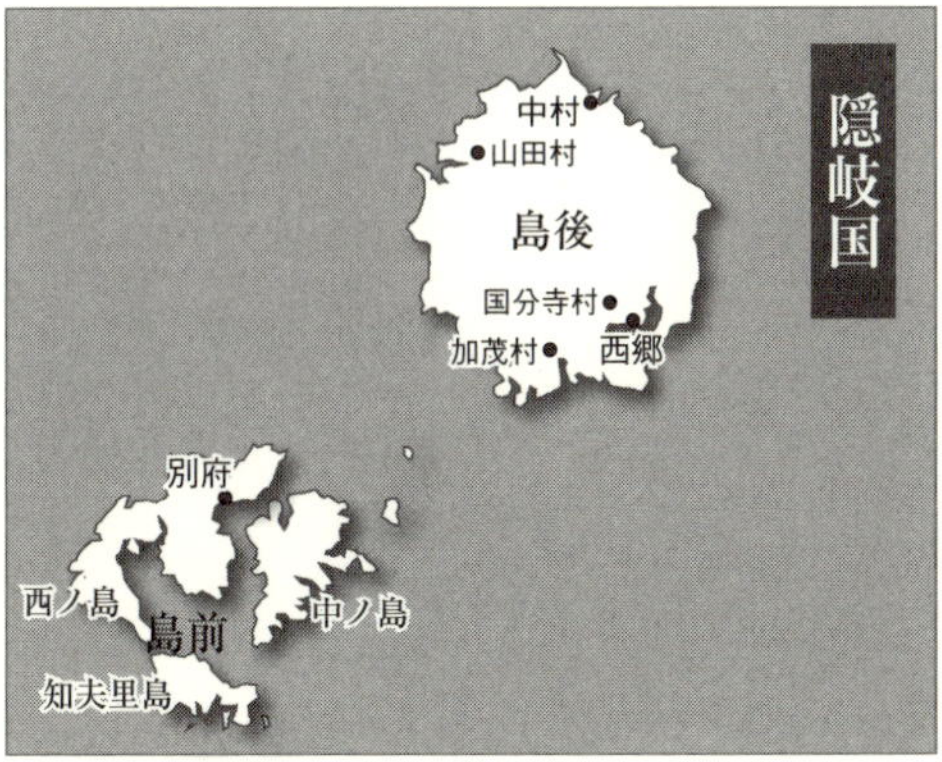

中沼了三肖像画
（隠岐の島町・隠岐郷土館蔵）

郎《ろう》など維新の志士たちも学んでいた。隠岐の青年も多く京都へ出て了三の教えを受けた。また、元治元年（一八六四）、孝明天皇の命により、大和国十津川郷《とつかわごう》（現・奈良県吉野郡十津川村）に文武館を創設し、「大学」★首章を講じた。了三の影響は郷里隠岐にも及び、島後では尊王攘夷の思想が拡がっていた。了三のもとで学んだ、山田村（現・隠岐の島町五箇《ごか》）の中西毅男《なかにしたけお》が慶応三年（一八六七）五月に帰国し、加茂村（現・隠岐の島町加茂）の井上甃介《しゅうすけ》らを説得し、七三人の連署で十津川郷の例にならい、外夷に備えるため文武館設置の嘆願を提出した。しかし、郡代の山郡宇右衛門《やまごおりうえもん》は「農民にして謂《いわ》れなく武事を練習するは不穏なり」として許可しなかった。六月には、甃介ら五人が再嘆願したが、郡代はこれを退け、かえって恫喝《どうかつ》や懐柔《かいじゅう》によって各庄屋を説諭した。三度目は、代表を松江へ派遣し、農兵隊組織★の指導にあたった松江藩軍用方の高橋伴蔵《たかはしともぞう》を頼ったが、高橋もこれを退けた。嘆願をいったんあきらめ、水若酢《みずわかす》神社大宮司忌部《いんべ》正弘《まさひろ》をはじめ毅男・甃介ら一一人は、京都の了三に相談するため、二月ひそかに脱島した。

慶応四年二月二十六日、山陰道鎮撫総督が米子から隠岐の公文役（庄屋）宛てに、「勅使は、隠岐を鎮撫しないで帰るので、公文役の内一二人は松江の陣屋に出頭するように……」という書を送った。松江藩は、この書を開封した後に大久《おおく》村（現・隠岐の島町西郷）の公文役斎藤村《さいとうむら》之介《のすけ》に送った。これが、暴動の発端となった。

▼大学
儒教経典のうち、四書といわれる「論語」「孟子」「大学」「中庸」の一つ。

▼農兵隊組織
幕末の隠岐周辺には、異国船がしばしば出没していた。松江藩は、外敵に備えるための農兵隊を隠岐に組織しようと隊員を募集し、四八〇人を選び、組織したことがあった。

鎮撫使の文書無断開封について善後策を検討している時、脱島組一行が戻ってきた。一行は、浜田港で天候の回復待ちの間に長州藩士に捕まってしまった。大政奉還、王政復古があり、世論の大方は尊王攘夷から討幕運動に変わったこと、山陰道鎮撫使事件のことを聞かされた。「徳川家の謀反は明らかで、郡代も国賊であるから追い払ってもよい」と励まされ、三月九日、隠岐に帰ってきたのである。二昼夜にわたる会合で、郡代追放を決議する庄屋大会を開くことにした。十五日、周吉郡国分寺村（現・隠岐の島町池田）で開かれた全島後の大会では、郡代追放を主張する庄屋たちと反対する庄屋たちが対立し、前者は自らを正義党と称し、後者を出雲党と呼んだ。文武館設置の嘆願に加わらなかった庄屋と出雲党は大会の席を退場した。

こうした経緯を経て、十八日にようやく実力行使による郡代追放を決定した。島後全体から三〇四六人（全島後の男子の三六パーセント）が応じた。十九日朝、忌部正弘を総指揮として出発し、西郷の調練場に陣取り、三人の代表を郡代に差し向けた。文武館設置に対する藩の対応・鎮撫使文書の無断開封など五項目の責任を追及し、隠岐国は朝廷の御領となったので、松江藩の支配を受けない、早々に立ち去るようにと要求した。郡代は、陣屋を死守しようとしたが、藩から派遣された前郡代鈴村祐平《すずむらゆうへい》の説得もあり、夕刻には陣屋を明け渡した。帰藩した郡代一行は、即日御役御免《おやくごめん》の謹慎処分を受け、後日、山郡宇右衛門は切腹、相談役鈴村祐平は士分取り上げとなった。郡代を追放した一行は、元の陣屋に会議所を設置し、執行機関として総会所を設けた。松江藩の報復に備え、蜂起の正当性確認のため、京都へ三人、石見滞在の長州藩士の所へ三人を派遣した。

一方、松江藩も新政府に対する働きかけを懸命に行い、四月十三日、太政官《だじょうかん》は隠岐国取り締まりを松江藩に命じた。お墨付きを得た松江藩は、四月二十九日、隠岐鎮撫のため、乙部《おとべ》勘解由以下七十余人を島前へ送り込んだ。翌閏四月中旬より西郷へ使者を送り、陣屋明け渡しを迫った。五月三日には、上陸した兵が太政官の掲示札を掲示場に立てた。陣屋明け渡しの交渉は進まないので、五月十日、松江藩兵約三〇〇人が陣屋を包囲し、半日対峙の後、発砲して陣屋を占領した。正義党の一四人が死亡、八人が負傷、一六人が捕縛され、多くの者が島外に逃れた。島民による自治政府はいったん崩壊した。

その後、五月十日の事件を知った太政官は、鳥取藩士土肥謙蔵《どひけんぞう》を派遣し、糾問させた。正義党に有利な結果となり、松江藩は島前からも撤退した。明治元年（一八六八）、隠岐の管轄は鳥取藩に移された。明治四年の裁判で、松江藩ならびに島民幹部双方ともに刑を受けることによって「隠岐騒動」は終わった。

明治政府は、神道国教化政策を展開していた。そのため慶応四年から明治九年にかけて全国的に廃仏毀釈《はいぶつきしゃく》運動が拡がっていた。隠岐の場合は、その激しさにおいて突出している。

「隠岐騒動」の指導者に神官《しんかん》が多く含まれていたし、隠岐騒動の時に島内七人の僧侶が郡代の立場に立って沈静化に努めたこと、尊王攘夷の思想が背景にあったためと考えられている。明治二年二月、設置されたばかりの隠岐県に派遣された知事は、久留米水天宮《くるめすいてんぐう》（現・福岡県久留米市瀬下町）神主真木和泉《まきいずみ》の弟真木直人《なおと》であった。直人は赴任すると、新政府の神道国教化政策を積極的に推進した。正義党の面々や神道家も息を吹き返し、先頭に立って寺院・仏像・仏具を破壊してまわった。九九寺が破却され、神社にあった仏像・仏具もすべて破却された。村方で建立されていた堂や庵六二も毀《こわ》されるか放置され朽ち果てた。七十余人の僧侶のうち五三人は還俗《げんぞく》し、一三人は隠岐から逃れた。

現在、隠岐島内の寺院を巡ると、破壊を受けた石造物を各所で見ることができる。この運動がいかに激しかったかが伝わってくる。

毀された石仏
（隠岐の島町・隠岐国分寺境内）

藩治時代

慶応四年（一八六八）六月十七日、朝廷は諸藩の献言を入れて、版籍奉還を聴許した。また、公卿・諸侯の称を廃して華族と改めた。翌十八日、定安は他の諸藩主と共に参内《さんだい》の上、松江知藩事★に任命された。旧領地十四万五千三百四十石の

▼知藩事
藩知事とも。

一割、一万四千五百三十四石が家禄として給された。

地方政体の改革

藩は、民治に努め、同二年三月三日、目安箱を京店南詰めに置き、一日おきに検使が民政局に持ち出し、同局幹事はこれを執政に渡し、民の声を上に届かせるようにした。五月二日には、末次本町の三好屋の湖亭に議事所を建て、毎月十六日に会議を開き、何事でも遠慮なく建言することを許した。同三年二月、議事所を修道館内に移し、毎月十日に会議をするようになった。

同二年の目安箱を置いた日に、「出雲藩治職制」を制定した。儒学教授桃文之助《ももぶんのすけ》好裕と用人役添役谷左織《たにさおり》の二人が、朝廷の趣旨に準拠して作成したものであった。藩治は、議政局・神祠局・民政局・会計局・学事局・軍事局・刑法局・監察局の八局に分かれる。議政局は立法と行政を兼ね、元の仕置所に当たる。執政・参政他の職があった。神祠局・監察局を除く五局には、主事・幹事・司録・筆者の職があった。この五局には、下に一～五の部を置いていた。

八月九日、松江に帰城した定安は、直ちに諸般の改革に着手した。

公廨（役所）と私邸を分離して、東京赤坂上屋敷を松江藩邸と定めた。松江城内三の丸を退き、そこを公廨に当て、乙部九郎兵衛及び朝日千助重厚の屋敷に移った。三の丸の公廨は、のちに朝廷の命により藩庁と称すようになった。次に、

明治初め頃の東京赤坂松江藩邸（松江市蔵）

家老以下組士にいたるまでを士族、大徒より足軽にいたるまでを卒族と称するようにした。

九月二十一日、三の丸の広間に士族一同を集め、「このたびの改革で、家禄をこれまでの十分の一と定められた。士族卒族の給禄もこれを標準として適宜改定する。また、朝旨に基づいて職制を改め、冗員の淘汰をはかる。各自この意を心得、協力するように」と告げ、「松江藩治職制」を発布した。藩の長官は知藩事で、その下に大参事・権参事がある。

三月の「出雲藩治職制」制定から半年を過ぎたばかりであった。朝令暮改は、維新政府の特徴といえよう。

明治二年の凶作

この年は、全国的に凶作であった。政府は酒造を三分の一に減らすよう指示し、西貢米★を外商★を通じて購入していた。外務省が調査した明治三年午十一月の松江藩の負債には「洋銀七七、五七五、〇〇和蘭商社ヨリ西貢米買入代金残」とある。島根県庁所蔵の「明治三年十月より明治四年九月迄の歳出明細書」のうち、諸藩費元利返弁に属する項に「金六万五千六百六両〇一午五月蘭人ホートインより借用元利皆返弁」とある。西貢米買入代金のことであろうか。

食糧の欠乏を補塡するため、漢医山本泰淵に、『済飢食品』を編ませ、カロリ

▼西貢米
さいごん米か。一般には南京米と呼ばれていた。

▼外商
外国人商人。

の薯《いも》ボト薯★が代用食になること、樫の実・槙の実より食糧を作ることも示した。

外国人の招聘

松江藩では、すでに修道館で、フランス語・英語・オランダ語の授業が行われていたことはすでに述べた通りである。維新後にフランスの砲術と医学・化学・鉱物学が、フランス人によって直接導入された。

松江藩の兵式は、文久三年（一八六三）の兵制改革でオランダ式、のちに英式となっていた。しかし、新政府が、「陸軍は仏式、海軍は英式を以て編制すべし」と決定したので、フランス式に改める必要が生じ、明治三年三月にフランス人のワレットとアレキサンドルの二名を雇い入れることにした。外務省に出願して許可を得た。四月十四日、彼らは松江に到着した。殿町の石原主馬宅を住居に当てた。両人とも、修道館でフランス語を教えると共に、ワレットは砲術の講義を、アレキサンドルは医学・化学・鉱物学の講義を担当した。同年五月十五日、「自今仏人アレキサンドルに医療を乞はんと欲するものは、修道館管務に出願せよ」との布令を出し、講義の余暇に患者の治療にも当たらせることにした。ワレットは三十六歳、最初の六カ月は毎月二五〇元、七カ月目より後は毎月三〇〇元の給料を支給し、雇い入れ期間は一年半であった。アレキサンドルは四十歳、最初の六カ月は毎月三五五元、七カ月目より後は毎月四〇〇元の給料を支給し、雇

▼カロリの薯《いも》ボト薯
カロリーのあるホド芋のことか。山野に自生するマメ科の多年草で、地下塊根は食用となる。

フレデリック・ワレット

ベリゼール・アレキサンドル

い入れ期間は同じであった。

ワレットは、軍事調練も行っていた。次のような逸話が伝えられている。

「……鉄砲を担い、陣笠を被った一隊が調練下駄で大地を踏みとどろかせつつ行進する勇壮な様を我も我もと見物に出かけたとのことです。母は当時いまだ五、六歳であったのですが、……激しい練兵が漸く終わり、帽子を取ってハンケチで額を拭いつつ外人教師がふと四辺を見た時そこに子供の一団がいて各驚異に輝く黒い目でじっとこちらを見詰めているのに気がつくと、彼は微笑みつつ歩み寄って来たそうです。『多分あれがワレットさんだったろう』と後年母は申していました★」


アレキサンドルの記録は限られ、詳細は不明であるが、今田見信氏は著書『開国歯科医人伝』の「アレキサンドル」の項で、次のように述べている。

「アレキサンドル B. Alexandre が来朝した年月はつまびらかでない。明治三年頃初め松江藩の医学教師として来たというのが記録のはじまりである。……アレキサンドルは初め横浜で開業し後東京に来て、八年には築地入船町一丁目一番地に住し、銀座に開業したのは後のことであろう。アレキサンドルは医師の資格を持っていたもののようであるが、わが国では歯科の業を専ら営んだようである。


アレクサンドルの本業は歯科であるが、お雇いフランス人教師として松江に赴任した時は、フランス語と医学を主とし、科学、鉱物学等も教えたのである」。

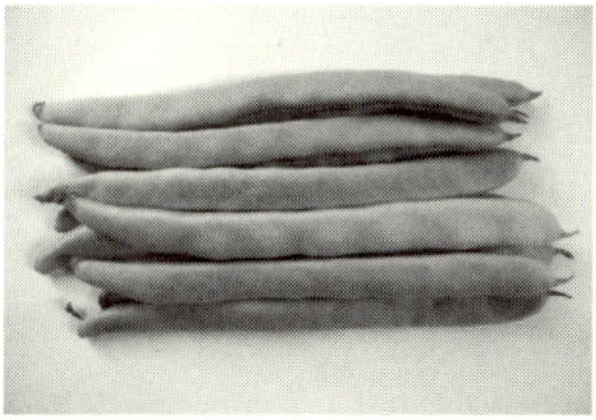
ワレット豆
平さやいんげんのことで、松江では、ワレットさんが伝えたといわれている

▼『幕末・明治期の日仏交流』より。

アレキサンドルとアレクサンドルは同一人物のようである。

アレキサンドルの松江での活動について、富田仁氏は「結局、アレクサンドルは松江でフランス医学を伝えようとしたが、中途半端で終ってしまったようである。だが、日本医学史上、この事実は看過しがたい意義をもつものと考えられる」と、氏の著書★で述べている。

この二人の教えを受けた人物はかなりいたと思われ、田中隆二氏の研究によると、九人の名前が挙げられている。のちに、各界で活躍した人も含まれている。

廃藩置県に伴い、二人の解雇が早められ、ワレットの盛大な送別会が行われた。アレキサンドルのことは書かれていないが、定安よりの挨拶として、白縮緬二疋ずつ（ワレットには金一〇〇両）が贈与され、七月三日、共に松江を離れた。

▼氏の著書
『開国歯科医――ベリゼール・アレクサンドル――』『永遠のジャポン――異郷に眠るフランス人たち――』、『幕末・明治期の日仏交流』

廃藩置県

維新政府は、次々と改革に努めたが、地方においては、旧藩主が財政と兵制を掌握していた。この地方政権を回収し、中央から官吏を派遣して、地方の行政改革を行うことが急務であった。

明治政府は、諸藩の軍事力を手に入れようと、明治元年（一八六八）、京都に兵学寮を創設し、青年を育て、後日の幹部にあてようとした。翌年、大坂に移し、三年には兵学寮は陸軍青年学舎を創設し、諸藩から生徒を募集した。松江藩からも八人が入学した。同年九月には、諸藩の常備兵数を定め、家禄一万石ごとに六〇人とした。閏十月には各藩の兵を解散させ、十一月十三日には新しい徴兵規則によって、士庶の区別なく徴募する制を定めた。

同四年七月十四日、天皇が正殿に出て、在京★七六藩の知藩事に廃藩置県の詔書を与えた。この時、定安は在国であったため、東都在勤の大参事乙部誠が代わって参内し、詔書を受けた。この日をもって知藩事を免ぜられ、直政以来二百三十三年の松平氏による治世は終わった。

松江藩は松江県となり、十一月には松江・広瀬・母里三県を廃止して島根県とし、出雲・隠岐の二国を管轄下に置いた。

これより先二月二十日、定安は東京貫属《かんぞく》★を命じられ、九月中までに帰京するよう指示された。

九月七日、定安は松江を発ち上京した。士卒及び僧侶らおよそ二千余人が、国境吉佐《きさ》(現・安来市吉佐町)まで送り、別れを惜しんだという。十六日、神戸に着き、そこからアメリカ船に乗り、十九日に横浜に着き、この日、神楽坂の新邸に入った。

▼在京
明治元年七月十七日、江戸を東京と改称。同二年には東京奠都(てんと)がなされている。

▼貫属
東京府の管轄に属すること。

松江城危うし

明治六年（一八七三）の廃城令により、同八年、広島鎮台は松江城の諸建造物と三の丸御殿を民間に払い下げることにして、入札を行った。天守閣を除く建物は四円から五円で落札され、ことごとく取り壊された。天守閣は一八〇円で落札されたが、城のなくなるのを惜しんだ、出雲郡の豪農・勝部本右衛門や元藩士の高木権八が資金を調達し、買い戻した★。間一髪で松江城は残ったのである。

その後、明治二十二年になって、時の島根県知事籠手田《こてだ》安定《やすさだ》によって「松江城天守閣景観維持会」が組織された。昭和九年（一九三四）、国の史跡に指定された。同十年には、天守閣が国宝★に指定された。同二十五年には、文化財保護法の施行に伴い、天守閣は重要文化財となって、現在にいたっている。その間、幾度か部分的な修理が行われているが、昭和の大修理は解体の上、行われた。

現在に残されている、江戸時代またはそれ以前に建造された天守閣は、松江城をはじめ、全国で一二を数えるのみである。

▼当時米一俵が三円弱といわれた。

▼国宝
国宝保存法による旧国宝のこと。

明治初年の天守閣
（松江市蔵）

これも松江

歌舞伎の始祖　出雲の阿国

出雲の阿国《おくに》の生涯は謎につつまれ、出雲出身ではないともいわれる。しかし、『当代記』慶長八年（一六〇三）四月の条に「出雲国神子女　名は国」とか、『言経卿《ときつねきょう》記《き》』天正十六年（一五八八）二月十六日の記事に「出雲大社女神子色々神哥、又小哥等舞之間、阿茶丸召寄見了」、『北野社家日記』同十九年五月十四日の記事に「やゝ子おとり松梅院へ参り、おとり申候……」、『野槌』に「近年。慶長中出雲巫京に来て、僧衣をきて鉦を打ち、仏号を唱へて、始は念仏おとりといひしに……」とあり、阿国は出雲大社の巫女《みこ》であったことは間違いないようである。

阿国が巫女であった頃の出雲大社は、戦国大名尼子経久《あまこつねひさ》が仏教を入れ、両部習合神道であった。境内には、鐘の音が響き、読経の声が聞こえていた。他の古社寺と同様、神楽《かぐら》巫女とは別に勧進《かんじん》を目的とする歩き巫女があり、阿国もこれに属していた。当初の念仏踊りは、陽気な念仏歓喜ではなく、巫女の性的魅力と呪術的雰囲気をもつ抹香《まっこう》くさい踊りであったと思われる。大念仏の興行で、歌念仏や女曲舞で出雲大社の縁起を語る、大社造営のための勧進巫女であった。熊野比丘尼に近いとされている。

杵築《きづき》（大社地方）の民間伝承を記録した『杵築古事記』に「市場（杵築町内）の石田助之進と申者、若州小浜、備後国神石郡其近辺をはじめて配札なす事企てける。是慶長四年の三月より始けると云……」とある。『時慶卿記《ときよしきょうき》』の慶長五年（一六〇〇）七月一日の記事に「近衛殿ニテ晩迄雲州ノヤヤコ跳、一人ハクニと云、菊ト云、二人、其外座ノ衆ノ男女十人計在之」とあり、阿国一座の実像が目に浮かぶ。当時の出雲大社の経済的背景があってのことであろうが、御師《おし》活動と阿国らの勧進巫女の活動が同時に展開されていた。

阿国は都で人気者となり、天下一を名乗っていた。芸能好きの女院新上東門院（後陽成天皇生母）の庇護を受け、慶長八年五月六日、女院御所で「ヤヤコ跳」、「かぶきをとり」を演じ貴賤群集したと諸記録にあり、広く知られている。

徳川家康は慶長八年二月十二日、征夷大将軍に任ぜられ、この時京にいた。前出の『当代記』に、「伏見城へも参上し度々踊る」とあり、家康の前で踊ったとみられている。結城秀康《ゆうきひでやす》（家康の二男、松江藩主松平直政の父）は、同四年九月から五年まで家康に任されて伏見城にいた。阿国の付けた水晶の数珠《じゅず》は見苦しいので、サンゴの数珠を与えたという話も伝わっている。

家康庇護のもとで、盛んに出雲大社造営の宣伝をし、造営費などをかせいだようだ。同十年二月に大社造営の沙汰があった。十一月二十五日付けで、大久保長安の大社造営の下知状が届いている。

大坂城討滅の意をかためた家康が、豊臣の財力を削ぐ目的で、豊臣の家運挽回や亡族の供養にかこつけて、神社・仏閣などの修造を豊臣秀頼に勧告して行わせたものとも解釈されている。造営は秀頼が再興願主となり、造営費用を奉納して行われた。

　同十二年二月に、出雲大社で造営工事の準備が始まった。阿国たちは出雲の本社での造営工事に合わせ、二月に初めて江戸へ下った。家康庇護のもとに、江戸城中で勧進歌舞伎踊りを演じた。『当代記』に「慶長十二年二月廿日。国ト云カブキ女、於江戸ニ躍ル。先度ノ能ノ有ツル場ニテ勧進ス」、『慶長日記』に「慶長十二年二月廿日。国といふ女歌妓、先日勧進能ノアリツル場ニテ芸尽ス、見ル者如市」の記事がある。二月十三日から四日間にわたり、江戸城中木丸大書院前の南庭の表舞台で行われた観世・金春の勧進能を家康や秀忠も観覧した。町人も観覧を許された。その四日後に、阿国は同じ能舞台で勧進歌舞伎を演じた。観覧料は、やゝ子踊りが永楽銭一〇文であったので、阿国歌舞伎もおおよそこの額であったと推定されている。

　京の北野天満宮と阿国歌舞伎が深い関係にあったことは、早くから知られていた。阿国と北野社との関係を示す確かな記録に、『北野社家日記』がある。筆者禅昌は、別当職・神事奉行・神殿大預・公文職法印権大僧都の職にあり、北野社の最高位にあった。慶長四年七月廿四日に「……天下一すき□□……」とある。二文字不明であるが、同月二十二日の記事に「すきニ参」の例があるので、「天下一すきニ参」と書かれていたと推定される。阿国は「天下一北野対馬守」を名乗っていたので、阿国がすき（茶会）に参ったと読める。同十年正月朔日に「……対馬守・親子つれて来」とある。「対馬守」は北野対馬守の略で、阿国の芸名である。北野社での、阿国に対する呼び名でもあった。これで、阿国に子どもがあったことも分かる。

　勧進興行の目的であった出雲大社の造営も終わり、京や江戸で得た天下一の名声を保ちながら京にとどまり、知名な芸能人として、上流社会に交じり芸能を披露すると共に、連歌や茶会に加わり、文化的な生活にひたっていたと思われる。

　阿国の動静記録は、『北野社家日記』慶長十七年正月廿九日の記事が最後となる。その後、慶長十七年二回・同十八年二回・元和元年・同四年に、禁中や女院御所などで歌舞伎踊りが演じられたが、阿国の名は出てこない。慶長末年には、阿国の庇護者でかつ理解者であった禅昌が亡くなり、女院新上東門院勧進寺晴子も亡くなり、それ以後は女歌舞伎などの女芸人の宮廷入りは途絶えてしまった。

　元和三年（一六一七）には、二代目阿国が四条中島で興行し、これについで、しのぶ・佐渡島の両太夫・段助（男芝居）などの興行が行われ、傾城《けいせい》を集め舞台で踊らせ「阿国歌舞伎」といったといわれている。

　儒教的社会秩序確立のため、女芸の取り締まりで、寛永六年（一六二九）十月に女歌舞伎・女浄瑠璃などが禁止された。阿国歌舞伎は、一時的に若衆歌舞伎の時代を経て、形を変え現在につながっている。

　阿国らの時代は終わった。都に残る意味もなくなり、夫や子とも別れ、故郷に帰り余生を送ることになった。仏門に入り法華経を読誦し、連歌を楽しんだと伝えられている。

これも松江

松江ゆかりの人物

小泉八雲《やくも》（ラフカディオ・ハーン）

一八五〇年（嘉永三）、ギリシャのレフカス島に生まれた。十九歳の時、単身、ほとんど無一物で渡米、新聞記者となる。明治二十三年（一八九〇）、ハーパー書店から派遣され来日した。東京帝国大学のチェンバレン教授などの世話で、島根県の籠手《こて》田安定《だやすさだ》知事と島根県尋常中学校及び尋常師範学校で英語を教える契約を結ぶ。同年八月三十日、松江に着任した。人々から愛されたが、松江の気候と合わないため、翌二十四年、熊本第五高等中学校へ転任した。

同二十六年、松江時代から身の周りを世話していたセツとの間に長男が誕生し、セツの婿養子となり、小泉八雲と正式に改名した。セツ夫人の取材協力を得て作家としての地位を確立した。中でも『知られぬ日本の面影』、『怪談』、『日本——一つの解明』などは著名である。晩年は東京帝国大学と早稲田大学で名講義を行った。

若槻《わかつき》礼次郎《れいじろう》

慶応二年（一八六六）、城下雑賀《さいか》町で足軽・奥村仙三郎の二男として生まれた。貧困のため、県立第一中学校を中退して、小学校の代用教員となる。十八歳の時上京し、司法省法学校を受験し合格する。法学校は翌年東京帝国大学と統合、礼次郎は予備門、第一高等学校を経て大学を主席で卒業した。在学中、叔父若槻敬の養子になる。のちに敬の一人娘徳子と結婚。卒業後大蔵省に入省。主税局長などを歴任、明治三十九年（一九〇六）、西園寺《さいおんじ》内閣の時大蔵次官に抜擢された。大正十五年（一九二六）加藤高明首相が急死、後継者として、内務大臣の若槻に組閣の大命が下った。

島根県出身者として、最初の首相である。浜口雄幸《はまぐちおさち》首相が、東京駅で凶弾に倒れたあと、昭和六年（一九三一）第二次若槻内閣を組閣する。内相時代の普通選挙法の成立、全権大使として出席したロンドン海軍軍縮会議をまとめ調印するなど、その技量を発揮した。首相退任後、重臣会議の一員として戦争拡大に反対し、終戦を薦めた。

岸清一

慶応三年（一八六七）、城下雑賀町で足軽・岸伴平の二男として生まれた。若槻礼

次郎と小学校時代の同級生である。東京帝国大学のボート選手として活躍した。明治四十一年（一九〇八）、弁護士用務でイギリス出張の時、第四回ロンドンオリンピックを観戦。同四十四年、大日本体育協会発足時の役員に就任、初代会長嘉納治五郎の片腕として協力。大正十年（一九二一）、二代目会長となる。同一三年にはＩＯＣ委員となった。第八回パリ、第九回アムステルダム、第一〇回ロサンゼルス各大会に日本代表として参加した。日本スポーツ界の発展に大きく寄与した。ロサンゼルス大会中、第一二回大会の東京開催を働きかけるため、各国のＩＯＣ委員を招き、自費で宴を開いた。

　昭和十年（一九三五）のＩＯＣ委員会で東京開催が決定したが、戦争の勃発で中止となった。岸の死後、遺族から八〇万円が日本体育協会に寄付され、御茶ノ水に「岸記念体育館」が建設された。同三十九年の東京オリンピックを機に、国立競技場近くの渋谷に移され、新「岸記念体育館」として大会本部が置かれもした。

河井寛次郎《かんじろう》

　明治二十三年（一八九〇）、能義郡安来町で大工棟梁の二男として生まれた。東京高等工業学校窯業科卒業後、京都市立陶磁器研究所などを経て、大正九年（一九二〇）、東山区五条坂に自宅と窯（鐘渓窯）を設けて、本格的な陶芸家として歩みはじめた。

　同十三年頃から、思想家柳宗悦《やなぎむねよし》、陶芸家浜田庄司《はまだしょうじ》、バーナード・リーチらと民芸運動を推進した。顧みられることのなかった各地の無名職人によって生み出された日常生活用品の中に健全な美があるとして、これを世に紹介する運動であった。この頃から、作品に銘をいれなくなる。作風も一変し、美術品としてではなく、簡素で力強い美をたたえた「用の美」の世界を生み出した。終世「職人」としての誇りをもち文化勲章、無形文化財指定、日本芸術院会員推薦をいずれも辞退した。

吉岡隆徳《たかよし》

　明治四十二年（一九〇九）、簸川郡西浜村（現・出雲市）で神官の四男として生まれた。小学校卒業後に吉岡家の養子となる。東京高等師範学校体育科、同研究科卒業後、学習院大学助教授を振り出しに、体育の指導者となる。

　昭和七年（一九三二）、第一〇回ロサンゼルスオリンピック大会の一〇〇メートル走で金メダルをとり、「暁の超特急」と呼ばれた。

　島根県では毎年、「吉岡隆徳記念出雲陸上競技大会」及び小・中学生対象の「吉岡隆徳賞記念短距離記録会」が開催されている。

エピローグ

その後の松江城下

明治維新以来、諸制度の変化に伴って住民の職業が多様化し、松江の町も様変わりした。上級武士の居住地であった広大な屋敷地が分割され新たな小道ができるなど城下の様相が一変したところもある。その反面、松江は中央から僻遠の地であり交通機関の発達が遅れ、他都市で見られるような過度な人口集中や大規模な工場群が進出することもなく、物静かな町であることには変わりなかった。特に軍事上および軍需関係の巨大な施設もなく、第二次世界大戦末期の米軍機による空襲を受けることも少なかった。大火の発生や風水害などに見舞われたこともあったが、全市街の壊滅的な被害を受けるということはなかった。

明治初期の篤志家による努力で松江城の天守閣が取り壊されることもなく、また、松平家菩提寺の月照寺、松平治郷（不昧）ゆかりの茶室菅田庵《すがたあん》や小泉八雲（ヘルン）旧居や古社寺などが残った。これらの諸施設に加えて、風光明媚な宍道湖をはじめ、自然豊かな環境が観光の目玉になった。堀川通りの一部を江戸時代風にするとか、城下をひと巡りする市内バスや堀川遊覧船の運航などの松江市政が観光客の人気を呼んでいる。

近世松江の展示や文化継承につながる活動を中心に行う、「松江歴史館」が平成二十三年(二〇一一)に建設された。敷地予定地内の発掘調査で、歴代家老の屋敷跡が現れた。また、市内の道路拡幅工事に伴う遺跡発掘調査でも中・近世の遺構が現れた。こうした一連の調査によって、これまで不明であった近世城下町の様子が明らかになりつつある。本文に記したように、城下町の造成にあたり低湿地の乾地化のため、屋敷境を兼ねた素掘りの大溝を縦横に掘っていたことが分かった。この大溝は、のちに小型化し石積みの堅牢なものに変化するが、道路沿いの部分にも見られる。各時期の城下絵図に描かれた道とほぼ一致することが分かり、城下絵図が正確に作られていたことも証明された。旧市内の中心部は細部において変化しながらも、藩政時代の様相を今に伝えていたのである。「松江歴史館」の活動や現在進行中の『松江市史』編纂に向けて、文献史学上の調査・研究が盛んに行われている。本書に記した内容は、その成果によるところが大である。

明治の初めに、旧習の打破と称して、それまで続いていた民間の行事や風習が禁じられ失われたものも多いが、各地での調査・研究も熱心に行われている。そうした中、当初のものと形は変わっているが、約十年に一度行われていた「ホーランエンヤ(式年神幸祭)」や毎年秋の「鼕《どう》行列」は松江市民の楽しみでもあり、観光の目玉ともなっている。

堀尾氏による松江城築城と城下町の建設から四百年になるのを記念して、松江では平成十九年(二〇〇七)から同二三年の五年間にわたる「開府400年祭」が開かれた。官民一体の推進協議会が中心となって、各種イベントが盛大に開催された。

まさに、松江は茶所《ちゃところ》であると共に、藩政時代のよき文化を多く伝えている町である。

あとがき

松江は山陰の小都市である。宍道湖と中海の間を流れる大橋川を中心とした範囲にある。県庁所在地ではあるが、大きな産業がなく、人口は約二〇万人強の物静かな都市である。少し足を伸ばせば、日本海や中国山地にいたる自然環境に恵まれた地でもある。しかし、この地も現代化の影響を受け変化しつつあり、筆者の少年時代と比べても、町の様子は大きく変わってしまった。行政の力で、松江城とその周辺で江戸時代の雰囲気を味わえる街づくりの努力がなされているが、それも限度がある。町を散策しながら江戸時代の松江を読み取ろうとしても困難なことになってしまっている。

畏友森田六朗氏からの斡旋により松江藩の歴史を書くことになった。考古学の世界に親しんできた筆者にとり、文献史学の世界は全くの異世界で躊躇したが、近世城下町の発掘調査を担当したこともあったし、勤務先には文献に強い歴史の専門家がいて助けてもらえるといった安心感と史料や情報を得やすいというのが、執筆を引き受ける動機となった。

最初に浮かんできたのは、今の町並みなどから江戸時代を読み取れる歴史や、住んでいた人々の生活を書きたいという思いであった。地元の読者には、この町が松江藩との関わりの中で、どのような歴史を歩んできたか具体的に分かるものに、そうでない読者にとっては訪ねてみたくなるようなものにしたかった。これはまさに夢であって、現実とはかけ離れたものであったが、執筆中ずっと思い続けてきたことでもあった。

まず、史料・資料の収集から始めた。都合のよいことに、昭和十六年刊行の『松江市誌』が手元にあったので、これを見ながら構想を練った。編年体で書くことを決めていたので、全体の筋書きを考えて関係する記事を拾うことから始めた。古文書を読むという経験は、学生時代に少しあったのみで、活字化されたものを読むことさえ苦痛を伴った。しかし、楽しくもあった。惜しむらくは、記述内容を理解するのが精一杯で、自説を唱えるなどできないことであった。幸いにして、先学諸氏や同僚をはじめとする人々の著作物も多くあったので、大いに利用させていただいた。特に積極的に引用した部分を除いて出典をいちいち断っていないので、主なものを参考文献として掲げた。心から謝意を表する次第である。なお、文中に誤りがあるとすれば、筆者の責に帰するところである。

執筆にあたって、松江市教育委員会文化財課史料編纂室ならびに松江歴史館の学芸員の諸氏には一方ならぬお世話になった。また、出版にこぎ着けたのは、現代書館社長の菊地泰博氏、ならびに編集の二又和仁氏、黒澤務氏の励ましと協力があったからである。これも記して謝意を表する。

参考文献

谷口為次『松江藩祖直政公事蹟』松陽新報社、一九一六

廣田耕雨『赤坂御上屋敷』島根評論 第五巻、島根評論社、一九二八

松平直亮『松平定安公伝』一九三四

原傳『松江藩経済史の研究』日本評論社、一九三四

上野富太郎・上野静一郎『松江市誌』松江市庁、一九四一

島田成矩『堀尾吉晴』松江今井書店、一九五五

中村孝也『徳川家康文書の研究』日本学術振興会、一九五八

松江市誌編さん委員会『新修 松江市誌』松江市役所、一九六二

千家尊統『出雲大社』学生社、一九六八

藤井喬『涙草原解』原田印刷株式会社、一九六九

今田見信『開国歯科医伝』医歯薬出版会、一九七三

石村春荘・島田成矩『松江の民俗芸能』松江市芸能文化保護育成協議会、一九七六

「解説・県指定文化財九件」『季刊文化財33』島根県文化財愛護協会、一九七八

『随筆百華苑 第二巻』中央公論社、一九八〇

富田仁『開国歯科医―ベリゼール・アレクサンドル―永遠のジャポン―異郷に眠るフランス人たち』早稲田大学出版部、一九八一

『島根県大百科事典』山陰中央新報社、一九八二

『史跡富田城関連遺跡発掘調査報告書』島根県教育委員会、一九八三

島田成矩『松江城物語』山陰中央新報社、一九八五

松尾寿『城下町松江を歩く Ⅰ――松江の誕生と町のしくみ』たたら書房、一九八六

松江市誌編纂委員会『市制１００周年記念 松江市誌』松江市、一九八九

松江市芸能文化保護育成協議会『松江のホーラーエンヤ』松江市教育委員会、一九九一

浅川清栄『松江藩江戸屋敷所在地の研究』山陰史談27、山陰歴史研究会、一九九五

小林布善『松江松平藩祖 直政公と逸話』小林布善、一九九五

『日本歴史地名大系33 島根県の地名』平凡社、一九九五

中原健次『松江藩格式と職制』松江今井書店、一九九八

小島貞二『力士雷電 上』㈱ベース・ボールマガジン社、一九九八

小島貞二『雷電日記』㈱ベース・ボールマガジン社、一九九九

田中隆二『幕末・明治期の日仏交流』㈱渓水社、一九九九

小村弌『出雲国 朝鮮人参史の研究』八坂書房、一九九九

土屋侯保『江戸の奇人 天愚孔平』錦正社、一九九九

藤間亨『論証・松平不昧の生涯』松平不昧伝、株式会社原書房、一九九九

安澤秀一『出入捷覧』株式会社 原書房、一九九九

『藩史大事典』雄山閣出版株式会社、二〇〇〇

『大名茶人　松平不昧展』島根県立美術館、二〇〇一

『斐伊川放水路建設予定地内埋蔵文化財発掘調査報告書14』「島根県出雲市古志本郷遺跡Ⅳ・放れ山横穴墓群・只谷間府・上沢Ⅲ遺跡（分析編）」、島根県教育委員会、二〇〇二

高埜利彦『江戸の相撲と出雲の相撲』「しまねの古代文化第一〇号」島根県教育庁古代文化センター、二〇〇三

『しながわの 大名下屋敷――お殿様の別邸生活を探る――』品川区立品川歴史館、二〇〇三

『本堂落慶記念 天真寺の文化財』佛陀山天真寺、二〇〇四

島田成矩『不昧流茶道と史料』株式会社山広、二〇〇五

『島根県の歴史』山川出版、二〇〇五

中原健次『松江城三ノ丸物語』中原健次、二〇〇五

椙山林継・岡田荘司・牟禮仁・錦田剛志・松尾充晶『古代出雲大社の祭儀と神殿』学生社、二〇〇五

『青木遺跡Ⅱ　第3分冊』島根県教育委員会、二〇〇六

島根大学附属図書館『絵図の世界――出雲国・隠岐国・桑原文庫の絵図』㈲ワン・ライン、二〇〇六

『常設展示図録　古代出雲の中心地意宇　八雲立つ風土記の丘の歴史と文化』島根県立八雲立つ風土記の丘、二〇〇七

油井宏子『江戸奉公人の心得帖　呉服商白木屋の日常』新潮社、二〇〇七

『松江市歴史叢書1』松江市教育委員会、二〇〇七

乾隆明編著『松江開府400年　松江藩の時代』山陰中央新報社、二〇〇八

吉永昭二『御家騒動の研究』清文堂出版株式会社、二〇〇八

乾隆明『ふるさと文庫3　松江藩の財政危機を救え』松江市教育委員会、二〇〇八

佐々木倫朗『ふるさと文庫4　堀尾吉晴と忠氏』松江市教育委員会、二〇〇八

松尾寿『ふるさと文庫5　城下町松江の誕生と町のしくみ』松江市教育委員会、二〇〇八

出雲塩冶誌編集委員会『出雲塩冶誌』出雲塩冶誌刊行委員会、二〇〇九

『どすこい！　出雲と相撲』島根県立古代出雲歴史博物館、二〇〇九

『出雲国誕生と奈良の都』島根県立古代出雲歴史博物館、二〇〇九

山根正明『ふるさと文庫6　堀尾吉晴――松江城への道』松江市教育委員会、二〇〇九

西島太郎『松江月照寺の高真院廟門と町大工』季刊文化財119、島根県文化財愛護協会、二〇〇九

武井弘一『鉄砲を手放さなかった百姓たち』朝日新聞出版、二〇一〇

乾隆明編著『松江開府400年　続松江藩の時代』山陰中央新報社、二〇一〇

『開府400年シリーズ　松江誕生物語』　山陰中央新報社、二〇一〇

安部登他『ふるさと文庫7　松江市の指定文化財』松江市教育委員会、二〇一〇

西島太郎『ふるさと文庫8　京極忠高の出雲国・松江』松江市教育委員会、二〇一〇

松原祥子『ふるさと文庫9　松江城下に生きる』松江市教育委員会、二〇一〇

赤澤秀則他『ふるさと文庫10　松江の歴史像を探る』松江市教育委員会、二〇一〇

梶谷光弘『ふるさと文庫11　松江藩校の変遷と役割』松江市教育委員会、二〇一〇

西島太郎『松江藩主の居所と行動・京極・松平期』松江市歴史叢書2、松江市教育委員会、二〇一〇

田中則雄『ふるさと文庫13　雲陽秘事記と松江藩の人々』松江市教育委員会、二〇一一

『松江歴史館展示案内　雲州松江の歴史をひもとく』松江歴史館、二〇一一

『平成二十三年度特別展　松江創世記　堀尾氏三代の国づくり』松江歴史館、二〇一一

『平成23年　特別展　秋の巻　松江創世記　松江藩主　京極忠高の挑戦』松江歴史館、二〇一一

松江市史編集委員会『松江市史　史料編5　近世Ⅰ』二〇一一

玉木勲『松江藩を支えた代々家老六家』ハーベスト出版、二〇一一

『図説　松江・安来の歴史』郷土出版社、二〇一二

石井悠（いしい・はるか）
一九四五年、島根県松江市生まれ。
大阪府・島根県の中学校教員、島根県教育委員会（文化財行政）などを経て、「松江市史　史料編2　考古資料」の編集に従事した。
著書に『鉄と人』（宍道町教育委員会）、『風土記の考古学3（分担執筆）』（同成社）ほか、各種発掘調査報告書がある。

シリーズ藩《はん》物《もの》語《がたり》 **松江《まつえ》藩《はん》**

二〇一二年六月二十五日　第一版第一刷発行

著者――石井悠
発行者――菊地泰博
発行所――株式会社　現代書館
東京都千代田区飯田橋三―二―五　郵便番号　102-0072　http://www.gendaishokan.co.jp/
電話　03-3221-1321　FAX　03-3262-5906　振替　00120-3-83725

組版――デザイン・編集室　エディット
装丁――中山銀士＋杉山健慈
印刷――平河工業社（本文）東光印刷所（カバー・表紙・見返し・帯）
製本――越後堂製本
編集――二又和仁
編集協力――黒澤　務
校正協力――岩田純子

 ISBN978-4-7684-7130-2

江戸末期の各藩

松前、八戸、七戸、黒石、**弘前**、**盛岡**、**一関**、秋田、亀田、本荘、秋田新田、仙台、松山、**新庄**、**庄内**、天童、長瀞、**山形**、上山、**米沢**、米沢新田、相馬、福島、**二本松**、三春、**会津**、守山、棚倉、平、湯長谷、泉、**村上**、黒川、三日市、**新発田**、村松、三根山、与板、**長岡**、椎谷、**高田**、糸魚川、松岡、笠間、宍戸、水戸、下館、結城、**古河**、下妻、府中、土浦、麻生、谷田部、牛久、大田原、黒羽、烏山、喜連川、**宇都宮・高徳**、壬生、吹上、**足利**、佐野、関宿、高岡、佐倉、小見川、多古、一宮、生実、鶴牧、久留里、大多喜、請西、飯野、佐貫、勝山、館山、岩槻、忍、岡部、川越、沼田、前橋、伊勢崎、館林、高崎、吉井、小幡、安中、七日市、飯山、須坂、松代、**上田**、**小諸**、岩村田、田野口、**松本**、諏訪、**高遠**、飯田、金沢、荻野山中、小田原、沼津、小島、田中、掛川、相良、横須賀、浜松、富山、加賀、大聖寺、郡上、高富、苗木、岩村、加納、大垣、高須、今尾、犬山、挙母、岡崎、西大平、西尾、吉田、田原、大垣新田、尾張、刈谷、西端、長島、**桑名**、神戸、菰野、亀山、津、久居、鳥羽、宮川、彦根、大溝、山上、西大路、三上、膳所、水口、丸岡、勝山、大野、**福井**、鯖江、敦賀、小浜、淀、新宮、田辺、紀州、峯山、宮津、田辺、綾部、山家、園部、亀山、福知山、柳生、柳本、芝村、郡山、小泉、櫛羅、高取、高槻、麻田、丹南、狭山、岸和田、伯太、豊岡、出石、柏原、篠山、尼崎、三田、三草、明石、小野、姫路、林田、安志、龍野、山崎、三日月、赤穂、鳥取、若桜、鹿野、津山、勝山、新見、岡山、庭瀬、足守、岡田、岡山新田、浅尾、松山、鴨方、福山、広島、広島新田、高松、丸亀、多度津、西条、小松、今治、松山、新谷、大洲、吉田、**宇和島**、徳島、**土佐**、土佐新田、**松江**、広瀬・母里、浜田、津和野、岩国、徳山、長州、長府、清末、小倉、小倉新田、福岡、秋月、**久留米**、柳河、三池、蓮池、唐津、**佐賀**、小城、鹿島、大村、島原、平戸、平戸新田、中津、杵築、日出、府内、臼杵、**佐伯**、森、**岡**、熊本、熊本新田、宇土、人吉、延岡、高鍋、佐土原、飫肥、薩摩、対馬、五島（各藩名は版籍奉還時を基準とし、藩主家名ではなく、地名で統一した）

★太字は既刊